محتويات الكتاب Contents

عن هذا الكتاب

كتاب شامل لكافة الأصوات الإنكليزية phonics التي هي حوالي 90 صوتا، ونكتبها بحوالي 180 طريقة.
لا يكفي أن نتعلم الحروف الإنكليزية ثم نقرأ ونكتب، بل نحتاج أن نتعلم الأصوات الأخرى التي تصنعها هذه الحروف.
وفي هذا الكتاب قواعد اكتشفتها المؤلفة لفهم الأصوات منطقيا ولتسهيل قراءتها وتهجيها في الكلمات.
الالتزام بخطوات الكتاب ضرورة، فلا يجوز تقديم كلمة بها صوت phonic لم يتم تعريفه مسبقا.

المقدِمة مع تعليمات جوهرية للمُعلم VIII

الفصل الأول

الدرس الأول: تصحيح ترجمة اسماء الحروف الإنكليزية للعربية (**h** هو أيْج وليس إج) 5

الدرس الثاني: التعرف على حروف العلة والحروف الصحيحة الإنكليزية vowels وconsonants 6

الدرس الثالث: التعرف على أصوات الحروف الإنكليزية في الكلمات 7

الدرس الرابع: الصوت الأول لكل حروف علة 8

الدرس الخامس: قاعدة تكرار كل من ss, ff, ll, zz في نهاية الكلمات القصيرة 15

الدرس السادس: حروف صحيحة بدون حرف علة بينها (المزيجات الساكنة consonant blends) 16

الدرس السابع: كافة الحروف الصامتة في هذا الكتاب مكتوبة بطريقة مائلة (*k*not) 19

الدرس الثامن: الحروف المتكررة، وهي اشبه بالشّدّة في العربية (a*dd*) 19

الدرس التاسع: لكل حرف علة أكثر من خمسة أصوات وعشرة طرق للتهجي 20

الدرس العاشر: مقارنة بين حروف العلة القصيرة في كلمات منتقاة هي الحجر الأساس في اللغة 22

الفصل الثاني

التعرف على حروف العلة الطويلة 29

القاعدة الأولى لتهجي صوت حرف العلة الطويل

الدرس 11: قاعدة الأصوات الأولى في الحرفين **ai** كما في m**ai**n 30

الدرس 12: قاعدة الأصوات الأولى في الحرفين **ea** كما في m**ea**t 32

الدرس 13: قاعدة الأصوات الأولى في الحرفين **oa** كما في r**oa**d 33

الدرس 14: قاعدة الأصوات الأولى في الحرفين **ie** كما في t**ie** 34

الدرس 15: قاعدة الأصوات الأولى في الحرفين **ue** كما في bl**ue** 35

القاعدة الثانية لتهجي صوت حرف العلة الطويل

الدرس 16: الحرف الصحيح الواحد ضعيف بين الحرفين **a-e** كما في f**a**t**e** 36

I

الدرس 17: الحرف الصحيح الواحد ضعيف بين الحرفين o-e كما في note 38

الدرس 18: الحرف الصحيح الواحد ضعيف بين الحرفين i-e كما في bite 39

الدرس 19: الحرف الصحيح الواحد ضعيف بين الحرفين u-e كما في tube 40

الدرس 20: الحرف الصحيح الواحد ضعيف بين الحرفين e-e كما في Pete 41

الفصل الثالث
The Inconsistent Consonants
التغيرات التي تطرأ على بعض الحروف الصحيحة

الدرس 21: عندما يتحول الحرف الصحيح Y إلى حرف علة وينتج منه خمسة أصوات 44

الدرس 22: 11 صوتا ناتجا عن التصاق أحد الحروف بالحرف H كما في ship 47

الدرس 23: قواعد جديدة وتمارين مُسهبة عن الصوتين الناعس والصلب للحرف C 50

الدرس 24: قواعد جديدة وتمارين مُسهبة عن الصوتين الناعس والصلب للحرف G 56

الدرس 25: قواعد جديدة وتمارين مُسهبة عن تحول صوت S لصوت Z كما في (is) و(rose) 60

الدرس 26: قواعد وتمارين عن صوت qu الذي هو مثل صوت kw كما في queen 62

الدرس 27: قواعد وتمارين عن صوت x الذي هو مثل صوت ks كما في six 64

الدرس 28: هل نضيف s (cats) أم es (glasses) في آخر الكلمات؟ 66

الدرس 29: قاعدة كل v يجب أن يتبعه e صامت في آخر الكلمات 68

الدرس 30: حفظ البادئة -ac في أول الكلمة والتي تعني إلى أو إلى الأمام 68

الفصل الرابع
مزيدٌ من الأصوات

الدرس 31: البادئة -tech في بداية الكلمات، وهي مُختصر لكلمة تكنولوجيا 70

الدرس 32: نستخدم النهاية -cle في الأسماء (uncle) و-cal في الصفات (logical) 70

الدرس 33: النهايات -tion, -sion, -cian في آخر الكلمات، وصوتهم هو شِن 72

الدرس 34: احفظ قراءة وتهجي المقطع -some في أواخر بعض الكلمات (handsome) 73

الدرس 35: قواعد جديدة تُفسر سبب تكرار الحروف الصحيحة بعد حرف العلة القصير (fătter) 74

الفصل الخامس
Phonics made by the Vowel A
أصوات وتهجي حرف العلة A

الدرس 36: الصوت الأول لحرف العلة A هو صوته القصير ă كما في (مـان man) 78

الدرس 37: الصوت الثاني لحرف العلة A هو صوته الطويل ā ويكتب بهذه الطرق الخمسة 79

II

Contents

الدرس 38: الصوت الثالث لحرف العلة A هو صوت مُميز يعادل صوت الألف المقصورة العربية ى 85
الدرس 39: الصوت الرابع لحرف العلة A هو حين ينحصر a بين w و r، ولفظه يصبح O (وور war) 87
الدرس 40: الصوت الخامس لحرف العلة A هو صوته الضعيف كما في (beggar) 88

الفصل السادس
Phonics made by the Vowel E
أصوات وتهجي حرف العلة E

الدرس 41: الصوت الأول لحرف العلة E هو صوته القصير ĕ كما في كلمة (سَت set) 90
الدرس 42: الطريقة الثانية لتهجي الصوت القصير لحرف العلة E هي في ĕa كما في (هَد head) 92
الدرس 43: الطريقة الأولى والثانية لتهجي صوت ē الطويل كما في (meet) وكما في (meat) 94
الدرس 44: الطريقة الثالثة لتهجي صوت ē الطويل هي في e-e كما في (لَبَنيس Lebanese) 98
الدرس 45: الطريقتان الرابعة والخامسة لتهجي صوت ē هما في ie كما في chief وفي ei كما في receive 99
الدرس 46: الطريقتان السادسة والسابعة لتهجي صوت ē هما في ey كما في money وفي y كما في city 101
الدرس 47: الطريقتان الثامنة والتاسعة لتهجي صوت ē هما في e كما في me و i كما في ski 103
الدرس 48: الطريقة العاشرة لتهجي صوت ē الطويل هي في i-e كما في police 105
الدرس 49: الصوت الثالث لحرف العلة E هو صوته الضعيف، كما في hun·ter 106
الدرس 50: أصوات أخرى ثانوية وغير رئيسة لحرف العلة E 107

الفصل السابع
Phonics made by the Vowel I
أصوات وتهجي حرف العلة I

الدرس 51: الصوت الأول لحرف العلة I هو صوته القصير ĭ كما في كلمة (سِت sit) 110
الدرس 52: الطريقة الثانية لتهجي صوت حرف العلة ĭ القصير هي في y كما في كلمة (جِم gym) 111
الدرس 53: الطرق الثلاثة الأولى لتهجي الصوت الطويل لـ ī هي كما في my, high, sign 113
الدرس 54: الطريقتان الرابعة والخامسة لتهجي الصوت الطويل لـ ī كما في bite, style 115
الدرس 55: الطريقة السادسة لتهجي الصوت الطويل لـ ī هي في y كما في cycle 117
الدرس 56: الطريقة السابعة لتهجي الصوت الطويل لـ ī كما في mild 118
الدرس 57: الطريقتان الثامنة والتاسعة لتهجي الصوت الطويل لـ ī كما في tie, dye 119
الدرس 58: الطريقة العاشرة لتهجي الصوت الطويل لـ ī كما في (دايَل di´·al) 120
الدرس 59: الصوت الثالث لحرف العلة I هو صوته الضعيف (tes´·ti·fy) 121

III

الدرس 50: الأصوات الأخرى الثانوية لحرف العلة I 121

الفصل الثامن
Phonics made by the Vowel O
أصوات وتهجي حرف العلة O

الدرس 61: الصوت الأول لحرف العلة O هو صوته القصير ŏ كما في كلمة (هــــت hot) 124

الدرس 62: الطرق الثلاث الأولى لتهجي صوت ō الطويل هي كما في coat, Joe, four 125

الدرس 63: الطريقة الرابعة لتهجي صوت ō الطويل هي كما في hope 128

الدرس 64: الطريقة الخامسة لتهجي صوت ō هي كما في slow 130

الدرس 65: الطريقة السادسة لتهجي صوت ō هي كما في oʹ·pen 131

الدرس 66: الطريقة السابعة لتهجي صوت ō الطويل هي كما في for, cold, post, comb 132

الدرس 67: الطريقتان الثامنة والتاسعة لتهجي صوت ō هما كما في boy, boil 134

الدرس 68: الصوت الثالث لحرف العلة O هو صوته الضعيف كما في faʹ·vor 135

الدرس 69: الصوت الرابع لحرف العلة O هو صوته المُميز كما في cow أو في out 136

الدرس 70: أربعة أصوات أخرى ثانوية لحرف O كما في wood 137

الفصل التاسع
Phonics made by the Vowel U
أصوات وتهجي حرف العلة U

الدرس 71: الصوت الأول لحرف العلة U هو صوته القصير ŭ كما في up 140

الدرس 72: الطريقتان الأولى والثانية لتهجي صوت ū الطويل هما كما في blue, suit 141

الدرس 73: الطريقة الثالثة لتهجي ū هي في u-e كما في (كْيووت cute) 143

الدرس 74: الطريقة الرابعة والخامسة والسادسة لتهجي صوت ū كما في feud, few, group 145

الدرس 75: الطريقة السابعة لتهجي صوت ū الطويل هي كما في huʹ·man 148

الدرس 76: الطريقة الثامنة والتاسعة لتهجي صوت ū الطويل هي كما في to, too 149

الدرس 77: الصوت الثالث لحرف العلة U هو صوته الضعيف كما في virus 151

الدرس 78: أصوات ثانوية (غير رئيسة) لحرف العلة U 153

الفصل العاشر

الدرس 79: التعرف على مزيدٍ من الأصوات (فيـنِكس phonics) 157

الدرس 80: تعلم كتابة الحروف الإنكليزية بالخط بالمزج (cursive) 161

Introduction

Introduction المقدمة

عن هذا الكتاب

كتاب شامل لكافة الأصوات الإنكليزية phonics التي هي حوالي 90 صوتا، ونكتبها بحوالي 180 طريقة. فلا يكفي أن نتعلم الحروف الإنكليزية ثم نقرأ ونكتب، بل نحتاج أن نتعلم الأصوات الأخرى وتهجيها، وهي أصوات لا تشبه أصوات الحروف التي صُنعت منها، كصوت **ture** في cul**ture**. وفي هذا الكتاب قواعد منطقية جديدة اكتشفتها المؤلفة لفهم الأصوات ولتسهيل حفظ قراءتها وتهجيها في الكلمات. يُعلِم هذا الكتاب القراءة الفورية للمبتدئين واساسيات التهجي، ويصحح الأخطاء الشائعة عند المتقدمين باللغة ويطور قدرتهم على القراءة السلسة بثقة، مع تصحيح للفظ التقليدي الذي كان يُدرَّس في المدارس التقليدية.

يتوقع الطالب الذي يعرف فقط أسماء الحروف الإنكليزية بأن صوت كل حرف سيكون مثل صوت اسمه. فهو، مثلا، لا يعرف بأن (q) له صوت (k) إلا بعد إعلامه مسبقا بذلك. لذلك وقبل أن نطلب من الطالب أن يقرأ أي كلمة بها (q)، علينا أن نخبره مسبقا بأن (q) له صوت (k) حين يستخدم في الكلمات. وإن لم نخبره عن ذلك مسبقا، قد نسبب له صعوبات في القراءة أو حالة عسر القراءة مدى الحياة.

ففي الإنكليزية 26 حرف وتندمج هذه الحروف مع بعضها لتكوين أكثر من 90 صوت، مثل اندماج الحرفين (sh) لتكوين صوت (ش) كما في ship، أو مثل اندماج الحروف الأربعة (tion) لتكوين صوت (شِن) كما في كلمة action. وتدعى هذه الأصوات phonics وهي تكتب بأكثر من 180 طريقة تدعى spelling patterns.

لفهم دروس الكتاب ولحفظ قراءة وتهجي الكلمات، يجب الالتزام بخطوات الكتاب المدروسة، فلا يجوز تقديم درس قبل درس آخر، ولا يجوز تعريف الطالب بكلمة بها صوت phonic لم يتم تعريفه وتفسيره مسبقا. مثلا، لا يجوز تقديم كلمة مثل happ**y** قبل اعلام الطالب بأن الحرف الصحيح **y** يتحول صوته الى صوت **e** حين يقع في نهاية الكلمات الطويلة ذات المقطعين أو أكثر.

تعني دراسة الأصوات (phonics) دراسة طرق التهجي المتعددة للأصوات الأخرى التي تصنعها الحروف الإنكليزية. مثلا، لا يُسمح لحرف (f) أن يكون في الكلمات الطويلة، لذلك تدمج الإنكليزية الحرفان pوh لصناعة صوت (ف) في (ph) كما في geography. وهناك حوالي 180 طريقة لكتابة الأصوات الانكليزية التي تختلف عن أصوات أسماء الحروف التي تصنعها. لذلك لا يكفي أن نتعلم الحروف الإنكليزية ثم نقرأ ونكتب، بل نحتاج أن نتعلم الأصوات الأخرى التي تصنعها هذه الحروف.

هناك نوعان من الطلبة، النوع الأول يحفظ دون فهمه للمادة والنوع الثاني لا يحفظ المادة إلا بعد فهمه لها. والأغلبية الساحقة هم من النوع الثاني الذي لا يحفظ المادة إلا بعد فهمه لها. وهو يريد أن يفهم لماذا نكتب صوت إنكليزي واحد بعدة طرق، وعلى المعلم أن يُفهمه الأسباب كلها. ويطلب الطالب تفسيرا لهذا التغيير الحاصل بين اسم الحرف ولفظه. ولو كان الطفل صغيرا، فهو لا يعرف كيف يسأل السؤال وماذا يجب أن يسأل، لذلك نراه محتارا بالأمر ولا أحد يفهم سبب حيرته، ثم قد يلومه أهله أو معلميه على عدم قدرته على القراءة، ولكونه صغير يعتقد أن الخطأ فيه أو في قدرته على الفهم والاستيعاب. وبعد فترة من هكذا حيرة، يفقد الرغبة في القراءة ويقال عنه بأنه مصاب بحالة (عسر القراءة dyslexia). لتجنب ذلك، يجب ألا نرمي الحروف والأصوات التي تصنعها الحروف كلها مرة واحدة في وجه الطالب، وعلينا أن نقدم له الأصوات المتغيرة بالتسلسل صوتا بعد صوت وفي خطوات مدروسة. والحل الأكيد هو أن نلتزم بخطوات هذا الكتاب المدروسة، فلا يجوز تقديم كلمة فيها صوت phonic لم يتم تعريفه للطالب مسبقا.

English Phonics for Arabic Speakers

الكتب الخمسة للمؤلفة كاميليا صادق لتعليم اللغة الإنكليزية

الكتاب الأول: الموسوم (الأصوات الإنكليزية لمتكلمي العربية *English Phonics for Arabic Speakers*)، وقد ترجمت المؤلفة هذا الكتاب للعربية من كتابها بالإنكليزية الموسوم *Read Instantly*. يعلم هذا الكتاب القراءة الفورية للمبتدئين واساسيات التهجي، ويصحح الأخطاء الشائعة عند المتقدمين باللغة ويطور قدرتهم على القراءة السلسة مع اللفظ الصحيح. ويحل مشكلة عُسر القراءة (dyslexia) في غضون أسابيع أو أيام، ويظهر التقدم على الطالب منذ الساعة الأولى. وكل حرف علة إنكليزي vowel محصور في فصل، ومن الممكن اعتباره كتاب مختصر لكتاب (*Learn to Spell 500 Words a Day*) الذي فيه كل حرف من حروف العلة محصور في كتاب كامل وليس في فصل. يتعرف المتلقي على كل صوت إنكليزي وطرق تهجيه بشكل مختصر، في حوالي 20 كلمة. مثلا، يُقدم الصوت (ai) كما في (main) في 20 كلمة في هذا الكتاب، لكنه يُقدم في كافة الكلمات التي تحتويه في الكتاب الآخر. أن هذا الكتاب هو لمحو الامية بالقراءة ويفيد أيضا في محو الامية بالتهجي، لكنه لا يحل صعوبات التهجي كلها. والذي يحل مشاكل التهجي كليا هو كتاب (*Learn to Spell 500 Words a Day*).

الكتاب الثاني: الموسوم (الإنكليزية لمتكلمي العربية *English for Arabic Speakers*). يتعلم الطالب من هذا الكتاب معان وألفاظا واستعمالات لأكثر من 10 آلاف كلمة متداولة لينطلق متكلما بسلاسة ومستخدما لأكثر من 600 نموذج لجمل بسيطة وأساسية (sentence patterns). وابتكرت المؤلفة برنامجا فريدا من نوعه تضمِن فيه تكلم الطالب باستمرارية منذ الدرس الأول. وهذا الكتاب هو للنطق الفوري والتكلم لوحدك اولا ثم المحادثة مع الآخر وفهم الآخر. يتعلم الطالب طريقة كاميليا في ترك القلم واستخدام الفم للنطق فورا عوضا عن القلم الذي هو لكتابة ملاحظات تنتهي، في العادة، بسلة المهملات. يركز كتاب الإنكليزية لمتكلمي العربية على السلاسة في الكلام وسرعته، والسمع ويُعلم اللفظ الصحيح وجوانب أخرى كثيرة مهمة وفريدة من نوعها تخص الصعوبات التي يلاقيها متكلمي العربية حين يتعلمون اللغة الإنكليزية. وبه ترجمة دقيقة ومقارنة مستمرة بين الاصوات العربية والاصوات الانجليزية تساعد في اللفظ والقراءة والتهجي وفهم الآخر. وهو كتاب ملون، عدد صفحاته 392 صفحة.

الكتاب الثالث: الموسوم (*Learn to Spell 500 Words a Day*) وهو فقط في الإنكليزية. ويعلم تهجي 10 آلاف كلمة جوهرية ومتداولة خلال أسابيع أو أشهر، كل حسب قدرته على الاستيعاب وحسب خلفيته الدراسية. وهو شامل وفيه الأصوات كلها وكافة الكلمات التي تحتوي على الصوت المعين. أيضا يطور هذا الكتاب القراءة ويسهل عبور امتحانات التوفل وغيرها، وفيه يكمن صلب اللغة الإنكليزية. فهو الذي يحتوي على القواعد الأساسية للأصوات المختلفة phonics وللتهجي المتغير لكل صوت، فلا يكفي أن نتعلم الحروف الإنكليزية ثم نقرأ ونكتب، بل نحتاج أن نتعلم الأصوات الناتجة عن اندماج هذه الحروف. وهو ملون وبستة أجزاء، كل جزء 154 صفحة. وبما أن (حروف العلة vowels) تتغير كثيرا جدا، فكل حرف علة محصور في كتاب عدد صفحاته 154 صفحة. وبما أن (الحروف الصحيحة consonants) هي أقل تغيرا من حروف العلة، فالحروف الصحيحة تتغير لتصنع 50 صوتا وتكتب هذه الأصوات الخمسين بـ 60 طريقة وهي، أي الحروف الصحيحة، محصورة في كتاب عدد صفحاته 154 صفحة. وأسماء أجزاء هذا الكتاب هي:

Learn to Spell 500 Words a Day

1. *The Vowel A* 2. *The Vowel E* 3. *The Vowel I*
4. *The Vowel O* 5. *The Vowel U* 6. *The Consonants*

Introduction

الكتاب الرابع: الموسوم (*100 Spelling Rules*) وهو فقط في الإنكليزية. يحتوي هذا الكتاب على أكثر من 100 قاعدة للتهجي، وهي قواعد جديدة للتهجي اكتشفتها المؤلفة. ويعلم تهجي 15 ألف كلمة طويلة، ذات مقاطع متعددة، وهو موجه فقط للمتقدمين في اللغة. المتقدمين باللغة هم من انتهوا من قراءة الكتب الثلاثة التي تسبق هذا الكتاب، ومن لم يدرس الكتب الثلاثة قبل هذا الكتاب، سوف لا يستفيد من هذا الكتاب إلا القليل جدا. فالكتاب الثالث الذي قبل هذا الكتاب، يركز على تهجي الأصوات داخل الكلمات، أما هذا الكتاب فيركز على قواعد تهجي الأصوات في نهايات الكلمات الإنكليزية الطويلة، كما في تهجي صوت إنْس **ance** في نهاية كلمة (import→import**ance**). لذلك هو لا يعلم إلا الجزء القليل من اللغة قياسا مع الكتاب الذي قبله. علما أن معرفة القاعدة لا تعني شيئا بدون التمارين التي تتبع القاعدة، والتمارين الكثيرة موجودة في الكتاب الثالث وليس في هذا الكتاب، فكيف تستطيع أن تحفظ تهجي كلمة طويلة دون أن تتعلم الكلمة الأقصر منها؟ مثلا، كيف سوف تتعلم تهجي (know**ledge**) قبل أن تتعلم تهجي (know)؟ نعم يحتوي هذا الكتاب على 100 قاعدة للتهجي مع تمارين قليلة بعد كل قاعدة، ولا فائدة من هذا الكتاب الرابع دون الكتب التي قبله. هذا الكتاب ملون وعدد صفحاته 252 صفحة.

الكتاب الخامس: (كتاب الكلمات المركبة *The Compound Words*)، وهو كتاب شامل لأنه يحتوي على كافة الكلمات الإنكليزية المركبة والتي هي أكثر من 7000 كلمة مركبة. مثلا، كلمة (**can**not) هي مركبة من كلمتين هما (can) و(not). وأيضا كلمة (**first**-class) مركبة لأنها تتكون من كلمتين مفصولتين بخط. فيحتوي الفصل الأول من هذا الكتاب على 106 كلمة مركبة تبدأ بحرف A مثل (**any**one) و29 كلمة مركبة مفصولة بخط مثل (**all**-out). وهذا الكتاب الخامس ملون، عدد صفحاته 154 صفحة وهو فقط بالإنكليزية.

How to purchase books by Camilia Sadik

لاقتناء هذه الكتب، يرجى زيارة هذه المواقع الالكترونية، وممكن ارسال بريد إلكتروني:

EnglishForArabicSpeakers.com

أو

SpellingRules.com

أو

Amazon.com

أو

مكتبات بيع الكتب في مختلف دول العالم

©Copyright 2023 Camilia Sadik حقوق الطبع محفوظة

All rights reserved. Camilia Sadik patented each new spelling rule she discovered. Printed in the United States of America, and except as permitted under the United States Copyright Act of 1976. No part of this publication may be reproduced or distributed in any form or by any means, or stored in a database retrieval system, without prior written permission of the publisher.

كيفية استعمال هذا الكتاب Instructions

خطوات أولية وجوهرية للطالب، وللمُدَرّس أيضا أثناء تدريسه لبرنامج كاميلياTM

أولاً: إشكالية قراءة وتهجي الحرف الإنكليزي الواحد بعدة طرق

لأنك مُدرّس، تأنى أثناء تعريفك بالحرف الإنكليزي للطلبة: هناك فرق بين أسماء الحروف الإنكليزية وأصواتها. مثلا، اسم الحرف Q هو كُيوو في حين أن صوته هو مثل صوت الحرف k كما في (كْويين queen)، لذلك يجب إرجاء تعريف الطالب بالحرف Q وبجميع الحروف التي لا تشبه أسمائها إلى وقت مناسب وبعد إعلام الطالب مسبقا عن حالة التغير في صوت وتهجي كل حرف.

وعندما نسمع صوتا كصوت الياء في كلمة عربية كما في "أمي" نكتبه ونقرأه بطريقة واحدة لا غير وهي حرف الياء. أما في الإنكليزية، فصوت الياء كالذي في "أمي" يُكتب ويقرأ بطرق عشرة هي:

1. e كما في me	2. ee كما في meet	3. ee كما في meat
4. ei كما في receive	5. ie كما في believe	6. i كما في ski
7. y كما في lucky	8. ey كما في monkey	9. e-e كما في Pete
10. i-e كما في police		

ومثال آخر هو أن صوت k الواحد يكتب ويُقرأ بخمسة طرق هي: q, x, ch, c, k كما في هذه الكلمات: queen, maximum, chemistry, cold, keep. وتبقى الأمثلة على تهجي الصوت الإنكليزي الواحد في عدة طرق هي الكثيرة. إذ أن 13 من 26 حرفا إنكليزيا فيها إشكالات من هذا النوع. فحال تشخيصك لهذه الإشكالية وشرحها للطالب، يفهم الطالب أن العيب ليس في قدرته على التَعَلّم، بل العيب هو في اللغة الإنكليزية نفسها، لكننا وجدنا الحلول.

ثانياً: مقارنة بين حروف العلة العربية وحروف العلة الإنكليزية

إن تعلم أية لغة جديدة يستوجب تعلم بعض المصطلحات اللغوية كحروف العلة، والحروف الصحيحة، وعدد المقاطع في الكلمة، الخ. ففهم تركيبة الكلمة الإنكليزية يقتضي البدء بالمقارنة بين حروف العلة العربية وحروف العلة الإنكليزية (ڤاوِلْز vow·els).

حروف العلة العربية الطويلة هي الألف (والألف المقصورة والمدَّة هما من ضمن الألف) والواو والياء، أما حروف العلة العربية القصيرة فهي الفتحة والضمة والكسرة (الحركات). بينما حروف العلة الإنكليزية خمسة ابتداءً من a، هي a - e - i - o - u، وتكون هذه الحروف الخمسة نفسها طويلة أحيانا وقصيرة في أحايين أخرى. وتتحكم هذه الحروف الخمسة في طريقة لفظ الكلمة الإنكليزية وفي صوتها وتهجيها. ويجب حفظ حروف العلة الإنكليزية (vowels) عن ظهر غيب وبالتسلسل، ابتداء من a. كما يجب معرفة أن حرف العلة في اللغتين يتميز عن الحرف الصحيح كونه مليء بالصوت وكونه يمنح الصوت للكلمة.

في العربية هناك ثلاثة حروف علة طويلة، وثلاثة قصيرة وكلها لها رموزها وهي رموز واضحة. أما في الإنكليزية، فنفس حرف العلة يكون طويلا تارة وقصيرا تارة أخرى معتمدا على ما يتبعه من حروف أخرى. مثلا نفس الحرف e يكون صوته طويلا حينا كما في (مــيــيت meat) لأنه متبوع بـ a وقصيرا حينا آخر كما في (مَت met) لأنه متبوع بـ t، إذ يعتمد صوت حرف العلة الإنكليزي على الحرف الواحد وأحيانا على الحرفين اللذين يتبعانه.

ثالثاً: الحروف الصحيحة الإنكليزية هي بقية الحروف (consonants)

الحروف الصحيحة هي بقية الحروف مثل t, p, d, b, k وتسمى (كَـنْسِنَنْتْس con·so·nants). والحرف الصحيح في اللغتين هو حرف صامت، والطريقة الوحيدة لسماع الحرف الصحيح هي أثناء لفظ حرف علة معه.

رابعاً: عن رموز وحروف مستخدَمة في هذا الكتاب، نبه الطالب بدءا إلى ما يأتي:

♦ الحرف الصامت: إن الحرف الإنكليزي المائل (*italic*) في هذا الكتاب يدل على أنه حرف صامت (غير ملفوظ). مثلا حرف k المائل في *k*nife هو حرف صامت، وحرف p المائل في recei*p*t هو حرف صامت.

♦ المقطع: إن العلامة التي تشبه النقطة داخل الكلمة الإنكليزية، كما هي داخل كلمة "win·dow" تدل على انقسام الكلمة إلى مقاطع syllables.

♦ حروف غير مألوفة: إن ضرورة الدقة في ترجمة الصوت من الإنكليزية إلى العربية ألزمت المؤلفة باستخدام حروف قد تبدو غير مألوفة للقارئ من أول وهلة. مثلا، الألف المقصورة داخل كلمة (نــىـت not) أو في بداية كلمة (ىكْشِن auction) هي الحالة غير المألوفة في اللغة العربية.

وخمسة أصوات إنكليزية ليس لها ما يناظرها في العربية ولذا استعرنا لها حروفا من الفارسية:

♦ پ من الفارسية كي نرمز لصوت الحرف p. ♦ ڤ كي نرمز لصوت الحرف v.

♦ گ لنرمز لصوت حرف g الصلب. ♦ چ كي نرمز لصوت حرفي ch (چِپْس chips).

♦ ژ كي نرمز لصوت si (تَلَـڤِژِن television).

خامساً: معنى كلمة المقطع (syllable)

اشرح لطلبتك معنى كلمة المقطع. فتتكون الكلمات العربية إما من مقطع واحد كما في كلمة "حُـب" أو من مقاطع عدة كما في كلمة " بَغداد". إذ تتكون كلمة "بَـغداد" من مقطعين، وهما "بَغـ" و"داد". وتتكون كلمة "مُهِمّات" من ثلاثة مقاطع، وهي "مُـ" "ـهِـم" "مـات". وتتكون كلمة "ألسِعوديَةُ" من ستة مقاطع، وهي "ألـ" "سِـ" "عو" "دِ" "يَـ" "ـةُ". وتتكون كلمة "أُمي" من مقطعين، وهما "أم" و"ي". لذا يجب أن يحتوي كل مقطع على صوت واحد فقط لأحد حروف العلة العربية الستة. فلاحظ أن الألف في "أُم" هي حرف علة صامت، وحرف العلة الصامت لا يحتسب وجوده في المقطع. ولاحظ -أيضا- انخفاض فكك الأسفل مع تلفظك لكل مقطع في الكلمة.

وكذلك حال الكلمات الإنكليزية، فهي أيضا تتكون إما من مقطع واحد كما في كلمة "me" أو من عدة مقاطع كما في "me·di·a". وتتكون كلمة "win·dow" من مقطعين وهما "dow" و"win". وتتكون كلمة "i·de·a" من ثلاثة مقاطع وهي"a" "de" "i". وتتكون كلمة "con·tin·ue" من ثلاثة مقاطع. وتتكون كلمة "con·tro·ver·sial" من أربعة مقاطع وهي "sial" "ver" "tro" "con".

يجب أن يحتوي المقطع، سواء كان في العربية أم في الإنكليزية، على صوت واحد فقط من أصوات حروف العلة، لا أكثر. ولا يجوز أن يحتوي المقطع في اللغتين على أكثر من صوت واحد لحرف علة، وحرف العلة الصامت لا يحسب وجوده في المقطع. يحتوي المقطع أحيانا على أكثر من حرف علة، لكن صوت، عدة حروف علة مجتمعة، هو صوت واحد فقط. مثلا يحتوي، مقطع "beau" في كلمة "beau·ti·ful" على ثلاثة حروف علة لكن الصوت هو صوت "u" الواحد في "beau" لان "ea" صامتان، وحرف العلة الصامت لا يُحسب وجوده كصوت في المقطع. وكذا لا تُحسب حروف العلة الصامتة لأنها لا تُسمع ووجودها في المقطع هو لأسباب متعددة سيتم ذكرها لاحقا. والآن قارن حرف العلة الصامت "e" في آخر كلمة "cake" مع حرف العلة الصامت "الألف" في بداية كلمة "أُم".

سادساً: معنى كلمة الأصوات (phonics)

اشرح للطالب معنى كلمة الأصوات (فـىنِكْس phonics): فهناك 26 حرفاً في اللغة الإنكليزية وأكثر من 90 صوتاً إضافيا تصنعها هذه الحروف الـ 26. تـُعَرِّف المؤلفة (الأصوات) على أنها مجموعة أصوات إضافية، تصنعها

الحروف وهي لا تشبه أسماء الحروف التي تصنعها. وتعرف (الصوت phonic) على أنه صوت واحد يصنعه حرف واحد لا يشبه اسمه (الـy في my لا يشبه اسم الحرف y)، أو تصنعه عدة حروف مندمجة مع بعضها مثل اندماج حرف p مع حرف h وصناعة صوت (ف ph) الذي لا يشبه اسم p ولا يشبه اسم h.

الصوت الواحد ph ناتج عن اندماج حرفين صحيحين. وهناك أصوات ناتجة عن اندماج حروف العلة، كالصوت الواحد الناتج عن اندماج (aw) والذي يمثله بالعربية هو صوت الألف المقصورة كما في (لـى law). وأخيرا، فهناك صوت واحد ينتج عن مزيج من الحروف الصحيحة وحروف العلة، كما في صوت (شِن cian) في نهاية كلمة (مْيووزِشِن musician).

إن كلاً من هذه الأصوات الـ90 هو بمثابة حرف جديد كان يجب أن يُضاف لقائمة الحروف الإنكليزية الـ 26. ويستوجب تدريس هذه الأصوات (phonics) أثناء تدريس الحروف الإنكليزية. وبدون تدريس الأصوات يبقى الطالب متعثرا في تعلمه لقراءة اللغة الإنكليزية وكتابتها. وهذا ما يفسر وجود نسبة لا تقل عن 60% من الأمية في أمريكا وإنكلترا وغيرهما من الدول التي لغتها الأولى هي الإنكليزية. لكن المؤلفة وجدت الحلول لمحو الأمية عند متكلمي الإنكليزية.

سابعاً: متكلم الإنكليزية يبتلع الحروف الصحيحة أما متكلم العربية فيبتلع حروف العلة

غالبا ما يتشكى متكلم العربية من كون متكلم الإنكليزية يبتلع الحروف، أي لا يلفظها، والواقع هو أن متكلم الإنكليزية لا يبتلع حروف العلة، بل يبتلع معظم الحروف الصحيحة. أما متكلم العربية فيبتلع حروف العلة الإنكليزية أو يلفظها عجلاً ويبترها كي يصل -بسرعة- إلى لفظ الحرف الصحيح الذي يأتي بعد حرف العلة، وهو يفعل ذلك لأن الحرف الصحيح هو الأهم عنده معتادا على ذلك في اللغة العربية. وعلى عكس ما هي الحال في العربية، تُثَمِّن اللغة الإنكليزية حروف العلة بينما لا تعير أهمية تستحق الذكر للفظ الحروف الصحيحة. لذلك يُرَكِز قُراء الإنكليزية عيونهم على حروف العلة في حين يصبح الحرف الصحيح شبه مُهمَل وكأنه مبتور لاسيما في آخر الكلمة وفي نهاية المقطع.

فما على الطالب إلا أن يتدرب على الاستمرار بتلفظ حرف العلة الإنكليزي لفترة طويلة قبلما يبدأ بنطق الحرف الصحيح الذي يتبعه. أي عليه أن جدا يخفف من لفظ الحرف الصحيح الذي يأتي بعد حرف العلة. فحين يطيـــــــــــــل في لفظ حرف العلة، يتضاءل تلقائيا صوت الحرف الصحيح الذي بعده إلى أن يخفت. مثلا حاول الاستمرار فترة طويلة في لفظ a في كلمة (مــــــــــان man) قبلما تبدأ بنطق n، فبذلك يخفت صوت n ويصبح شبه صامت. أي أن متكلم الإنكليزية يستمر آخذا وقتا طويلا (يُطيـــــــــل) أثناء لفظه لحرف العلة مهملا لفظ الحرف الصحيح.

ثامناً: أهمية تطبيق برنامج كاميليا™ للقراءة بالإنكليزية فورا

باستمرار ذكِّر الطالب بالأهمية البالغة لإتباع خطوات هذا الكتاب وتعليماته بحذافيرها. لأن إتباع تعليمات هذا الكتاب بحذافيرها هو أهم خطوة في هذا البرنامج التعليمي بأكمله. إن من يدرس تعليمات وخطوات هذا الكتاب ويفهمها ثم يتبعها، سيقرأ الإنكليزية منذ الدرس الأول. وقد يستوجب دراسة وفهم هذا البرنامج الفريد من نوعه وتطبيق خطواته، الاعتياد -في البداية- على ما هو غير مألوف كي تصبح الطريقة مألوفة فيما بعد. المهم هو إتباع التعليمات منذ البداية وعدم التشكيك بفوائدها لأن المتلقي سيجد نفسه في النهاية مصرا على التمسك بهذه التعليمات. والآن جرب الطريقة لمدة يوم واحد وستكتشف النتائج المذهلة بنفسك.

تتطلب هذه الطريقة فهم قواعد الأصوات المتغيرة. ولا تقدم الأصوات كلها للطالب مرة واحدة، بل يتم ارجاء الأصوات ثم تعريفها صوتا بعد صوت على انفراد، وخطوة تلو خطوة.

تاسعاً: استخدام ثلاث حواس في آنٍ واحد من أجل الحفظ الفوري

فَسِّر للطالب أهمية الحواس في عملية الحفظ: إن الطريقة الوحيدة التي تُكتسب فيها المعلومات هي من خلال الحواس الخمس. لنفترض أن هناك طفلا ما قد وُلِد وهو كامل الدماغ، إلا انه فاقد للبصر وللسمع، وللحس، وللتذوق، وللشم. ولو قام أحدنا بسكِب الشاي في قدح أمام هذا الطفل، فكيف سيعرف هذا الطفل معنى الشاي وهو لا يراه، ولا يسمع صوته حين نسكبه، ولا يحس به أو بحرارته أثناء شربه له، ولا يتذوقه، ولا يشم رائحته؟ إن هكذا طفل لا يستطيع أن يتعلم أي شيء عن الشاي لأنه دون حواسه. هذا يعني أن الطريقة الوحيدة لاكتسابنا للمعلومات هي من خلال الحواس فقط، لا غير. كما ويعني أنه كلما ازداد استخدامنا لحواسنا، ازدادت قدرتنا على اكتساب المعلومات. وتزداد قدرتنا على اكتساب المعلومات فيما لو استخدمنا أكبر عدد ممكن من حواسنا سوية وفي آنٍ (simultaneously).

أما بالنسبة لمسألة اكتساب اللغة، فعندما ننطق الكلمة التي نقرأها نكون قد رأينا الكلمة (حاسة البصر)، وسمعناها أثناء تلفظها (حاسة السمع)، ونوعما نكون قد تحسسنا الحروف في فمنا أثناء لفظها شفويا (حاسة اللمس في الفم). إذاً النطق أو القراءة الشفوية في البداية بصوت عال يعني استخدام ثلاث حواس في آنٍ واحد. لذا يجب أن نُذكر الطلبة بضرورة استمرارهم بالنطق وترديد الكلمات وبالقراءة الشفوية بصوت عال سويةً في الصف، أو كُلاً على انفراد. فأفضل الطرق هو أن يقرأ الطلبة سوية وفي نغمة موسيقية واحدة. لأن تكرار القراءة الشفوية (النطق) خمس مرات يعني تكرار استخدام ثلاث حواس في آنٍ واحد، لذلك يبقى تكرار النطق أيسر الطرق وأسرعها للوصول إلى السلاسة في القراءة.

عاشراً: أهمية تكرار النطق خمس مرات أو أكثر لكل كلمة أو جملة

عزيزي المدرس أكِّد للطلبة على أهمية ترديد الكلمة أو الجملة خمس مرات أثناء القراءة: من البديهي أنه حين يتكرر النطق يتكرر استخدام الحواس وتزداد القدرة على الحفظ التلقائي. لذلك على الطالب أن يتخلى عن قلمه أثناء المحاضرة ويعتمد على تكرار النطق للحفظ أثناء وجوده في الصف. إن عملية الاعتماد على القلم في تسجيل الملاحظات هي عملية كسول لأنها تحاول تأجيل عملية الحفظ إلى وقت آخر. وهي في معظم الحالات، عملية غير مجدية لحفظ اللغة. فكما يكتسب الطفل اللغة، كذا يستوجب علينا ممارسة اللغة في الفم والأذن والعين قبل اليد.

بدءاً، قد يواجه المُدرِّس اعتراضاً من الطالب المدمن على تدوين كل شيء قبل أن يسمح لنفسه بالحفظ. لكن حالما يصر المُدرس على ترك القلم وإحلال تكرار النطق محله في تمرين واحد أو في تمرينين، يكتشف الطالب أهمية تكرار النطق خمس مرات أو أكثر فيستجيب لطلب المعلم وهو ممتن له. وفيما بعد سيصر على النطق والقراءة بصوت عال في الصف وفي البيت وفي كل مكان إلى أن يتقن الإنكليزية.

أن وقت الحصة قد لا يكفي لكل طالب أن ينطق ويكرر النطق في الصف لان العدد الكبير للطلبة لا يسمح بذلك، والحل في هذه الحالة هو أن يقرأ كل الطلبة سوية وفي نغمة موسيقية واحدة.

أحد عشر: كيفية تطوير قدرات الطالب على القراءة

في الصف، يجب أن يقرأ سوية كل الطلبة شفويا وفي نغمة واحدة، خمس مرات أو أكثر لكل صفحة أو لكل تمرين. لأن فائدة التكرار الشفوي في تحقيق السلاسة في القراءة وأيضا للحفظ. فالقراءة الشفوية السلسة تقود الطالب إلى الكلام السلس وتمنحه الثقة بأنه قادر على نطق ما هو مكتوب. أما بالنسبة للطالب الذي يرغب في تطوير قراءته، فعليه أن يقرأ شفويا لفترة سنة أو أكثر، ليس في هذا الكتاب فحسب، بل أي كتاب آخر. إن القراءة الشفوية للكتب الإنكليزية تؤدي إلى القراءة السلسة والى ممارسة الكلام ثم المحادثة في وقت قصير جدا، فهي السبيل لاختزال الزمن الدراسي من سنوات إلى أشهر أو أسابيع، كل حسب قدرته على الاستيعاب.

اثنا عشر: فهم الأصوات المتغيرة خطوة خطوة قبل قرأتها

إن كل خطوة من خطوات كتاب القراءة هذا مدروسة ومحسوبة وتتعامل وفق حساسية تامة مع المتعلم الجديد، مثلا في البدء لا يقدم الكتاب كلمة تحتوي على حرف c الصلب في كلمة مثل cat إلا بعد أن يتم الشرح المُسبق مع أمثلة وافية عن كون صوت حرف c يتغير إلى صوت صلب في حالات معينة. وهكذا يتم تقديم وشرح كل ما يتعلق بالصوت المتغير قبل عرضه للقراءة. وهذا هو الكتاب الوحيد الشامل للأصوات الإنكليزية (phonics) كافة والتي هي أكثر من 90 صوتا وكل من هذه الأصوات مستخدمة في عدد صغير من الكلمات المتداولة، وفيه يتعرف الطالب المبتدئ على الأصوات الإنكليزية كافة وعلى كافة طرق تهجيها (الإملاء).

يركز هذا الكتاب على قراءة الأصوات في الكلمات بصوت عال وبثقة تامة ولا يركز على قراءة قصة ما أو موضوع ما من أجل فهم الفكرة العامة للموضوع. إنه يركز على تعليم الكلمة قبل تعليم الجملة لان الأغلبية الساحقة من المبتدئين لا يستطيعون التركيز على حفظ الكلمة وفهم الفكرة في الجملة أو في القصة في آن. يتمكن أي طالب له القدرة على تعلم الحروف الإنكليزية أن يقرأ فورا من هذا الكتاب. وبعد الانتهاء من قراءة هذا الكتاب، يتمكن الطالب أن يميز أي صوت إنكليزي بداخل الكلمة ويقرأه بثقة تامة وبصوت عال.

ثلاثة عشر: عزيزي المدرس دوما ردد ما يأتي لتُذكِّر الطالب بما هو مهم

- ادرس القاعدة كي تفهم الدرس وتحفظه عن طريق المنطق.
- كرر القراءة الشفوية للكلمة خمس مرات كي تحفظها.
- اقرأ بالإنكليزية بصوت عال إلى أن تحقق السلاسة في القراءة.
- انطق، فستقرأ بسلاسة وستحفظ من حيث لا تدري.
- لا تجبر نفسك على الحفظ، لان الحفظ الإجباري هو قسري وقاس على الدماغ، وتؤدي-أي القسوة- إلى بطء في الاستيعاب، فمن الأفضل أن تسترخي قليلا لتسمح للدماغ القيام بعمله.

أربعة عشر: لمن برنامج كاميليا™ في تدريس اللغة الإنكليزية؟

بما أن برنامج كاميليا يقدم مواد مهمة جديدة وتصحيحات لما كان يُدَرس سابقا، لذا يستوجب على كل طالب-مهما كان مستواه- أن يبدأ من الصفر، أي من الكتاب الأول. وهذا يعني أن البرنامج نفسه هو للمبتدئين وللمتقدمين من الطلبة والمعلمين. فهو يفيد المتقدمين لأنه يوفر لهم حلولا جديدة لصعوبات كانت مستعصية في تعلم اللغة الإنكليزية. ويفيد المعلمين لأنه يختزل زمن التعليم، فبدلا من أن يُدرّس المعلمون وأساتذة الجامعات اللغة الإنكليزية في ستة عشر عاما في المدارس الابتدائية والثانوية وفي الجامعات، يمكنهم الآن أن يُدرّسوا 95% من اللغة الإنكليزية المتداولة في عام واحد أو عامين وربما أقل من ذلك، كلٌ حسب قدرته على الاستيعاب.

من الممكن أن يُعَمَّم هذا البرنامج في المدارس الابتدائية والثانوية وفي الجامعات. ومن الممكن أن يَدرُسه الطالب المتقدم دراسيا من دون معلم، من خلال قراءة التعليمات واستيعابها وتطبيقها بحذافيرها. وبالفعل هناك مدارس أمريكية تبنت برنامج كاميليا لتدريس التهجي لمتكلمي الإنكليزية.

خمسة عشر: لماذا كتاب الأصوات الإنكليزية هذا؟

- لأنه يُعلم القراءة للمبتدئين من كافة الأعمار، ويحل مشاكل القراءة حتى في حالة عسر القراءة. وقد علَّم هذا الكتاب القراءة الفورية للآلاف ممن كان لهم حالات مستعصية وهم من متكلمي الإنكليزية اصلا، وجميعهم استمروا بالقراءة ثم تعلموا في غضون أيام معدودة، ولم يتعثر أحدهم في القراءة نهائيا، بل صار بعضهم معلمون للقراءة وللتهجي مثلهم مثل تحول مؤلفة هذا الكتاب من طالبة غير قادرة على حفظ تهجي الكلمات إلى معلمة قراءة وتهجي للأمريكان

نفسهم. تضمن المؤلفة بأن كل من يمسك هذا الكتاب بيده ويقرأه بصوت عال من بدايته إلى نهايته سوف يقرأ ويستمر بالقراءة دونما توقف، وسوف يحتفظ بما يتعلمه مدى الحياة.

♦ يتمكن أي طالب له القدرة على تعلم الحروف الإنكليزية أن يقرأ فورا من هذا الكتاب. وبعد الانتهاء من قراءة هذا الكتاب وأحيانا في أقل من أسبوع، يتمكن الطالب أن يميز أية صوت ويقرأ أي كلمة إنكليزية بثقة تامة وبصوت عال.

♦ لأن هذا هو الكتاب الوحيد الشامل للأصوات الإنكليزية (phonics) كافة والتي هي أكثر من 90 صوتا (phonics)، وكل من هذه الأصوات مستخدم في عدد صغير من الكلمات المتداولة، وفيه يتعرف الطالب المبتدئ بالحروف وبالأصوات الإنكليزية كافة.

♦ لإن كل خطوة من خطوات هذا الكتاب مدروسة ومحسوبة حسابا دقيقا قبل عرضها للمُتعلم الجديد. مثلا، في البدء يقدم الكتاب فقط حرف c الناعس في مجموعة كلمات كما في face ويتجنب بحذر عرض أي كلمة تحتوي على حرف c الصلب كما في cat إلى ما بعد أن يتم الشرح المسبق عن كون صوت حرف c يتغير إلى صوت صلب كصوت k في حالات معينة، ومن ثم يتم تفسير كل حالة من حالات c الصلب على انفراد مع أمثلة كافية ووافية. ومثلا آخر هو أنه في البدء يتجنب الكتاب عرض حرف s الذي له صوت z كما في كلمة is لأننا تواً قد أخبرنا المتعلم الجديد بأن اسم الحرف هو أس s. فحين نخبر الطالب المبتدئ بأن هذا هو حرف s وتقرأه z كما في كلمة is دونما توضيح مسبق لكون صوت الحرف s متغير نكون قد خلقنا عوائق وأحيانا رفض عند الطالب للتعلم. ويحاول هذا الطالب أن يفهم سبب هكذا تغير مفاجئ ويرفضه، وقد يحول هكذا نوع من الرفض دون تعلم الطالب للقراءة مدى الحياة. لذلك من الضروري أن نحذر الطالب مسبقا بأن صوت الحرف s الواحد في نهاية بعض الكلمات الصغيرة- ذات المقطع الواحد- يتحول إلى صوت z كما في has, was, his, as, is.

♦ ومن الممكن إضافة معلومة أخرى هنا في السياق نفسه، وهي كون حرف s واحد ضعيف وقد يتحول صوته إلى صوت z في نهاية الكلمات، وللمحافظة على صوت الحرف s ولكي لا يتحول إلى صوت z يتكرر الحرف s في نهاية كلمات كثيرة كما في class, glass, mass, miss, mess, pass. وهكذا يتم التفسير المسبق قبل عرض كل حرف إنكليزي متغير الأصوات للقراءة، والحروف المتغيرة هي 13 من 26 حرف إنكليزي.

♦ يُعلم برنامج كاميليا الكامل 30 ألف كلمة منتقاة وشائعة الاستعمال، أي ما لا يقل عن 95% من اللغة الإنكليزية المتداولة في الشارع، وفي العمل والتجارة والمراسلات، وفي العلوم والآداب والمدارس والجامعات، وفي كل مكان ومجال، وخلال فترة زمنية قصيرة (خلال 400 ساعة من الدراسة بالنسبة لمتكلمي العربية).

ستة عشر: يقدم برنامج كاميليا™ الشامل في تدريس اللغة الإنكليزية

♦ ضمان للمتلقي أن يتعلم في يوم واحد أكثر مما يتعلمه في سنة في المدارس التقليدية.
♦ الحلول للنطق الفوري، للفظ الدقيق، للقراءة الفورية، وللتهجي، ولفهم متكلمي الإنكليزية.
♦ الترجمة الدقيقة للفظ كل صوت، مع طريقة فريدة من نوعها للإسراع بالنطق وللحفظ.
♦ مائة قاعدة جديدة للتهجي، فإذ تطبق قاعدة واحدة تحفظ التهجي لخمسين إلى مائة كلمة.
♦ الأفعال الرئيسة مع تمارين عن الطُرق المتعددة في استعمال كل فعل.
♦ تغطية شاملة لفهم متكلمي الإنكليزية، وللتكلم والقراءة والتهجي بالإنكليزية.

المؤلفة

About the Author

Linguist Camilia Sadik spent 15 years intensely dissecting English, discovering over 100 spelling rules, applying the rules in 600 phonics-based spelling lessons, class-testing her discoveries, and preparing learning books for children and adults to read and spell hundreds of words at a time. The 30 unique learning features in Sadik's books make learning to read and spell inescapable. Sadik worked hard to make spelling easy and possible for all ages and all types of learners. In addition, Sadik found an easy solution to end dyslexia in spelling and in writing letters in reverse. Learning to spell and slowing down to write words slowly ends dyslexia. Sadik saw the details of English sounds and their various spelling patterns and she used what she saw in her books. See these examples:

1. The vowel **A** has 5 sounds that are spelled in 12 ways.
2. The vowel **E** has 7 sounds that are spelled in 17 ways.
3. The vowel **I** has 8 sounds that are spelled in 19 ways.
4. The vowel **O** has 12 sounds that are spelled in 20 ways.
5. The vowel **U** has 6 sounds that are spelled in 28 ways.
6. Eight **consonants** have 50 sounds that are spelled in 60 ways.

Academically, Sadik earned a BA in Philosophy from WSU and an MA in Applied Linguistics from SDSU. In addition, Sadik earned California Teaching Credentials and is certified in teaching ABE and ESL. Before writing books, Sadik spent over 10 years reading the best of the world's literature.

عن المؤلفة والباحثة اللغوية كاميليا صادق

حصلت الأستاذة كاميليا صادق على شهادة الليسانس بالفلسفة من جامعة (Wayne State University) في ولاية Michigan الأمريكية، ثم حصلت على الماجستير في الألسنية من جامعة (San Diego State University)، وأيضا حصلت على شهادة ورخصة للتدريس في كاليفورنيا (California Adult Teaching Credentials).

اكتشفت الباحثة اللغوية كاميليا صادق، ولأول مرة في تاريخ اللغة الإنكليزية، أكثر من مئة قاعدة جديدة تتحكم بالأصوات phonics الإنكليزية وبالتهجي المتعدد لكل صوت. حيث يطبق الطالب قاعدة ويحفظ قراءة وتهجيا من خمسين إلى مئة كلمة مرة واحدة. وابتكرت طريقة فريدة من نوعها للنطق الفوري والاستمرار بالتكلم باللغة الإنكليزية منذ الدرس الأول. وترجمت لفظ كل صوت إنكليزي إلى العربية بدقة لم يسبق لها مثيلا.

بعد جهود مضنية دامت أكثر من خمسة عشر عام من بحث واكتشاف وتدريس وكتابة وإعادة الكتابة، لخصت الباحثة اللغة الإنكليزية بخمسة مؤلفات ضخمة وقدمتها في طبق جاهز للطالب ليقرأ هذه الكتب الخمسة بصوت عال ويحفظ اللغة ويتقنها في وقت قصير. ولا يتطلب تطبيق "برنامج كاميليا" أي حفظ إجباري، فالطالب يفهم القاعدة ويطبقها على خمسين أو مئة كلمة في تمارين معينة ثم يحفظ المعنى واللفظ والتهجي واستعمال 50 إلى 200 كلمة مرة واحدة في ثلاث ساعات أو أكثر - كلّ حسب قدرته على الاستيعاب.

تدرس مؤلفات الباحثة الخمسة لكافة المستويات في أمريكا. وتُلقي الباحثة محاضراتها للبالغين من الأمريكان والعرب بكلية Cuyamaca College بكاليفورنيا، وفي بعض السجون الأمريكية ضمن برامج محو الأمية، وللطلبة الميؤوس من تعليمهم في مدارس ابتدائية وثانوية متعددة. وأصبح اختصاص المؤلفة هو الحالات المستعصية مثل حالات ألْدِسْلَكْسِيا dyslexia وحالات ألـ ADD وغيرها. وتحاضر المؤلفة أيضا في مؤتمرات للمُدرسين لتدربهم على كيفية تطبيق "برنامج كاميليا" الذي هو أفضل السبل لمحو الأمية في أمريكا واحدثها. إذ تؤكد الإحصائيات على أن أكثر من 60% من سكان أمريكا وبريطانية هم ما بين أميين أو شبه أميين، فمنهم من يعاني من مشكلة تهجي صوت واحد بعدة طرق، ومنهم من لا يستطيع القراءة نهائيا. وهذا هنا مقتطف من مقال طويل يصف تضخم حجم الأمية في الولايات المتحدة الامريكية:

"Half of the adults in the U.S. are not able to read books written at an eighth-grade level." (Jonathan Kozol, 1985, Illiterate American). The U.S. News and World Report says, "It is forecasted that the decline in reading skills will lead in two decades to an elite, literate class of no more than 30% of the population."

وهؤلاء بعض المشاهير الذين عندهم درجات مختلفة من الأمية

- Albert Einstein, Nobel Prize physics winner.
- James Joyce, Nobel Prize winner for literature.
- Thomas Edison, Inventor.
- Agatha Christie, English Playwright.
- Winston Churchill, British Prime Minister, and Historian.
- Nelson Rockefeller, U.S. Vice President.
- Entertainers: Tim Conway, Tom Cruise, Cher, Whoopi Goldberg, Robin Williams, George Burns, and the list of such people is increasing.

شهادات عن جهود المؤلفة من مؤسسات تعليمية ومن أساتذة لغة إنكليزية ومن طلبة

♦ تدرَّس اكتشافات ألمؤلفة، كاميليا صادق، في بعض المدارس الامريكية وفي مراكز محو الأمية في أمريكا، حيث يطبق الطالب قاعدة ويحفظ قراءة وتهجيا من خمسين إلى مئة كلمة مرة واحدة. مثلا، مؤسسة، بل كلنتون تستخدم كتب المؤلفة لمحو الأمية في مركزها في نيويورك، واسم المؤسسة هو William J. Clinton Foundation, Central Harlem.

♦ في تشرين الثاني من عام 2004 عادت صادق للعراق ودَرَّسَت أساتذة لغة إنكليزية تجمعوا من كافة المحافظات العراقية في دورة مكثفة دامت أربعة أيام في وزارة التعليم العالي والبحث العلمي، مركز تطوير المِلاكات. وأذهلت النتائج كلا من المسؤولين والأساتذة. فهناك من كتبَ بان هذه الدورة جعلته يفهم الفلم من دون قراءة الترجمة، وكتب آخر أن الأيام الأربعة علمته أكثر مما علمته المدارس خلال خمسة عشر عاما، وتساءل أحد الأساتذة عن مدى تأثير العالم اللغوي نوم جومسكي على اكتشافات صادق، وأجاب لؤي وهو أستاذ متقدم في اللغة ومسؤول قدير في قسم المكتبات في الموصل بأن صادق نفسها هي نوم جومسكي آخر. وقالت أستاذة في قسم الحاسوب وهي خريجة ماجستير من لندن بأنها وأطفالها في المدارس بحاجة ماسة إلى هذا البرنامج لان لندن لم تعلمها اللغة. وقال آخر أن الدورة غيرت عنده كافة المفاهيم القديمة في دراسة اللغة الإنكليزية وتدريسها، وبأنه سيكون للأستاذ الذي يدخل في هذه الدورة إمكانيات هائلة في ممارسة اللغة الإنكليزية وفي أساليب تدريسها. وهناك المزيد من هذه الشهادات في دورات تعليمية أخرى.

♦ وقد طلبت مسؤولة وحدة اللغة الإنكليزية لمركز اللغات في جامعة الكويت السيدة نجاة المطوع عام 2005 السعي لإدخال برنامج كاميليا في مناهج الجامعة. وأضافت المسؤولة بأنه يجب السعي لإدخال هذا البرنامج لا في الكلية فحسب، بل في كافة المراحل الدراسية في الكويت، ابتداء من الابتدائية كي يأتونا الطلبة وهم قد تعلموا الإنكليزية مسبقا، وما على الجامعة إلا تعليمهم الأدب الإنكليزي مباشرة. ونشرت صحيفتي القبس والرأي العام الكويتيتان مقابلة صحفية قيمة مع المؤلفة بخصوص اكتشافاتها.

في الولايات المتحدة الأمريكية عدد لا يحصى من شهادات دعم من أساتذة ومن طلبة وهذه بعضها

A. After giving a workshop on the rules that govern phonics and English spelling for the Commission on Adult Basic Education (COABE) at their 1999 National Convention, English teachers wrote these comments:

- "Thank you, Camilia for teaching me how to better teach my students."
- "Bring her back next year!!!"
- "Exciting approach, informative"
- "Excellent"
- "Thank you. Keep on telling people that English spelling makes sense."
- "She needs a bigger room."
- "I can't wait to order the books! Thank you so much."
- "Great information."
- "I wish to open Camilia's head to see inside and learn how it works."
- This presentation was wonderful and has certainly great information that will be helpful for my students and for myself."

- "I am on the Language Arts Curriculum Work Team for the Kansas City, Missouri School District. I don't know yet if you truly realize the scope of what you have done. Your program is sensible, yet comprehensive. Bravo!"

B. After teaching a three-hour class to prisoners in Missouri,
- <u>Leslie Riggs,</u> State Attorney for the prison system and for Charter Schools wrote, "Camilia: I am pleased that you have found a life's work that promises to help so many people. I am glad you came to America."
- <u>Nancy Leazer,</u> prison superintendent said, "My wish is for Camilia to come back to Missouri, to teach, to train our teachers and put me out of business."
- <u>Inmates</u>: Student prisoners had this to say: "Can we keep this book? Can we buy this book in a bookstore? Will you promise to come back? If you aren't coming back, will you remember to tell us where we can get this book? Here are our names and addresses to let us know where we can get this book. Please promise not to forget us. Remember me! Remember me! I love this; I can use these big words when I write letters." They expressed the feeling that big words had only been accessible to a certain class of people, but not to them. Now, the opportunity was open to them!

C. Testimonials and Quotes from Students:
- <u>Al Graham,</u> College student, age 44, both of his parents were professors. He was Sadik's student at Cuyamaca College in 1999. Al wrote, "I took the CBEST and passed it the first time, all three sections. I know you know this, but you probably still enjoy hearing it, that your class I think got me and is getting me through my spelling difficulties. I will always be thankful! I really feel your program is helping make the difference in my success." Al was told that he had dyslexia, learning disability, and possible brain problems due to a motorcycle accident. He said, "My parents had tried hundreds of tutors and teachers, and everyone gave up on me." Al is currently a first-grade teacher using Sadik's book to teach reading and spelling.

- <u>Eleazar Higuera,</u> age 11, grade 6 from Cajon Valley School District, El Cajon, CA where Sadik taught a two-week pilot program. Eleazar's pre-spelling test was 19/100 and after 12½ hours of instructions he scored 90/100. Eleazar said, "I was used to reading without looking at the way words are spelled because my other teachers always told me to read fast." "I thought I could never learn to spell." "Spelling isn't as difficult as I thought it was." "I wish that someone had told me about these spelling rules before."

- <u>Natalie Munno,</u> age 15, grade 9 from The Charter School of San Diego. Her pre-test was 41/100 and after a total of 11½ hours of instructions she scored 100/100. Natalie said, "In the future, I will teach my kids to spell." Natalie went on to say, "I didn't learn how to read until I was in the fourth grade, and I never learned how to spell. This class helped me learn to spell. I especially liked Ms. Sadik's techniques for remembering things." Natalie said she would absolutely participate in this class again. "I'd do it in a heartbeat."

- <u>B.J. Penick,</u> age 13, grade 8 from The Charter School of San Diego. His pre-test 50/100 and after nine hours of instructions, he scored 99/100 on a post-test. B. J. said, "Now, I know how to spell. Spelling is easy. Ask me any words, and I will spell them." B.J.'s father said that his son told him that he was learning the spelling of thousands of words every day and that his vocabulary was increasing.

Introduction

Lee's Story

- <u>Lee Ray</u> was in the sixth grade, and according to his school records, he read at a first grade level (level 1.6). He was labeled with dyslexia and ADD. All his teachers agreed that he would never learn to read. The following is a sample of Lee's previous writing, which he struggled five hours to complete:

"Hi my name is Lee Ray I am 12 I lik to do a lot of thangs. I kane ansr the kwashtanse .I have a bruthr thas a brat. He is 5 and has name is Jrme. hnave a sastr she is 14 and hre name is uteu. She liks to bos me a round . But I stul luf tham. My mom is 30 .My stap dad is 34 and he is a mukanak. I luv tham all. The resan I wont to lrn to rede is reding is upotan to me. Reding is upotan bekus if you don't know hao to rede you wal nafr gat a raund. I dount tak ubaot my rede a lot bekus I gat upsat wan pepol tes me. So I ban wrking hord at it. I thank you for haping me and wonting to halp me lrn to rede. Ilik the saund of your voes. Thak you a lot. I kant wat to see you. I lik you for halping me. I haf nafr mat a prsa lik you.I hop nafr tote to a famas prsan I haf a lot of faling that you wal halp me Ihaf mane thgs to sae to you. I lik you . got luk on the the show. Ples tal your frand thank you thas mans a lot to me."

From August 5 to 11, 1999, Sadik taught Lee for <u>six days</u> what his schools were unable to teach him in six years. At the end of the sixth day, Lee was reading street signs and menus for the first time in his life. His progress was documented by videotaping before and after instructions.

Eight months later, Lee sent Sadik this letter:

"Hi Camilia I want to thank you. I miss you and I hope to see you soon. I have been writing better. I like reading. It is easyer to read. I want to tell you about my family. I have a brother that is six and I have a sister that is fourteen. I have a mom and a dad. I love them a lot. I am thirteen. It is still hard to write but I am not going to quit. I will practice and practice, I am getting better. I have been telling people about the system. I love you. Ps I am sorry for not writing you. I am writing how the words sounded." Lee

Lee's Story with a video about his reading before and after are available on SpellingRules.com, under Testimonials.

جدول الصوت الإنكليزي ورمزه بالعربية في هذا الكتاب

<table>
<tr><th>كما في هذه الكلمات الإنكليزية</th><th>الرمز العربي لهُ</th><th>الصوت الإنكليزي</th></tr>
<tr><td>آدَم Adam | مـــان man</td><td>المدة العربية أو الألِف</td><td>short a</td></tr>
<tr><td>أيْ A | دَيْ day | مَيْن main</td><td>فتحة + يْ</td><td>long a</td></tr>
<tr><td>سَت set</td><td>فتحة</td><td>short e</td></tr>
<tr><td>إيِيْت eat | مييْت meat</td><td>إيِيْ</td><td>long e</td></tr>
<tr><td>سِت sit</td><td>كسرة</td><td>short i</td></tr>
<tr><td>آي I | تـــاي tie</td><td>آي</td><td>long i</td></tr>
<tr><td>ىن on | مىپ mop</td><td>ى (الالف المقصورة داخل الكلمة)</td><td>short o</td></tr>
<tr><td>نـــو no | كــوت coat</td><td>و (كما في موز)</td><td>long o</td></tr>
<tr><td>ءَپ up | كءَپ cup</td><td>ءَ</td><td>short u</td></tr>
<tr><td>كْيووت cute</td><td>يوو (كما في فول)</td><td>long u</td></tr>
<tr><td>كْيووت cute</td><td>يوو (كما في فول)</td><td>long u as yoo</td></tr>
<tr><td>بووت boot</td><td>وو (كما في فول)</td><td>long u as oo</td></tr>
<tr><td>بُك book</td><td>ضمة</td><td>oo</td></tr>
<tr><td>ى R</td><td>ى (الالف المقصورة)</td><td>The name of the letter r</td></tr>
<tr><td>كـــى car | ى are</td><td>ى (الالف المقصورة كما في ليلى)</td><td>ar</td></tr>
<tr><td>وْرايت write أو right</td><td>وْر (كما في أوْراق)</td><td>r+vowel</td></tr>
<tr><td>لى law</td><td>ى</td><td>aw</td></tr>
<tr><td>ىتو auto | تىت taught</td><td>ى</td><td>au</td></tr>
<tr><td>بىت bought</td><td>ى</td><td>ou</td></tr>
<tr><td>ىل mall | ىلصو also</td><td>ىل</td><td>al, all</td></tr>
<tr><td>آوت out | كــاو cow</td><td>آو</td><td>ow, ou</td></tr>
<tr><td>ءوْيَل oil | بوي boy</td><td>ءوي، ـوي</td><td>oi, oy</td></tr>
<tr><td>وْروپ rope</td><td>پ</td><td>p</td></tr>
<tr><td>چِپْس chips</td><td>چ</td><td>ch</td></tr>
<tr><td>گْلاس glass</td><td>گ</td><td>hard g</td></tr>
<tr><td>سَيْڤ save</td><td>ڤ</td><td>v</td></tr>
<tr><td>ڤِـژن vision</td><td>ژ</td><td>si</td></tr>
</table>

Chapter One الفصل الأول

في الفصل الأول من هذا الكتاب عشرة دروس

ملاحظات ضرورية للطالب وللمُعلم 1

الدرس الأول: تصحيح ترجمة اسماء الحروف الإنكليزية للعربية (h هو أيْج وليس إج) 5

الدرس الثاني: التعرف على حروف العلة والحروف الصحيحة الإنكليزية vowels وconsonants 6

الدرس الثالث: التعرف على أصوات الحروف الإنكليزية في الكلمات 7

الدرس الرابع: الصوت الأول لكل حروف علة 9

الدرس الخامس: قاعدة تكرار كل من ss, ff, ll, zz في نهاية الكلمات القصيرة 15

الدرس السادس: حروف صحيحة بدون حرف علة بينها (المزيجات الساكنة consonant blends) 16

الدرس السابع: كافة الحروف الصامتة في هذا الكتاب مكتوبة بطريقة مائلة (*k*not) 19

الدرس الثامن: الحروف المتكررة، وهي مثل بالشَّدة في العربية (a*dd*) 20

الدرس التاسع: لكل حرف علة أكثر من خمسة أصوات وعشرة طرق للتهجي 21

الدرس العاشر: مقارنة جدا مهمة بين حروف العلة القصيرة في هذه الكلمات المنتقاة 23

ملاحظات ضرورية للطالب وللمُعلم

هنالك فرق بين اسم الحرف الإنكليزي وصوته حين يستعمل في الكلمات. مثلا، صوت (q) هو مثل صوت (k) حين يستعمل في كلمة queen. أما صوت اسم الحرف (q) فهو (كْـــيوو) وهو لا يكتب في (q) بل يكتب في الحرفين (cu) كما في كلمة cute. لذا لا يكفي أن نتعلم أسماء الحروف الإنكليزية ثم نقرأ ونكتب، بل نحتاج أن نتعلم الأصوات التي تصنعها هذه الحروف حين تستعمل في الكلمات.

تتكون فصول هذا الكتاب العشرة من سلسلة دروس مبسطة (80 درسا). تقدم الدروس قواعدا منطقية لتعلم قراءة وتهجي الأصوات، وهناك تفسير لكل قاعدة في بداية كل درس جديد. وبعد أن يفهم الطالب القاعدة التي تتحكم في قراءة وتهجي الصوت المعين phonic، يقدم الكتاب كلمات منتقاة فيها الصوت المعين نفسه، فيقرأ الطالب التمارين المُسهبة، وبعدها يتمكن من قراءة أي كلمة بها الصوت المعين نفسه، مهما كانت صعوبتها.

ويبدأ الدرس الأول—من الصفر—ليعلم المبتدئين وليصحح بعض الأخطاء الشائعة عند المتقدمين، مبتدأ من تصحيح طريقة تلفظ اسم الحرف الإنكليزي ومارا بكافة الأصوات الـ90 التي تكتب بأكثر من 180 طريقة، ثم مستخدما لهذه الأصوات في كلمات منتقاة بعناية تامة.

ولا يمكن الاستغناء عن أي خطوة من خطوات هذا الكتاب لأنها خطوات مدروسة، والكلمات القصيرة في بداية الكتاب، تشكل الحجر الأساس في تعلم اللغة الإنكليزية برمتها. إذ أن هذه الأصوات نفسها التي نراها في مجموعة كلمات قصيرة منتقاة، سوف نراها تتكرر في الكلمات الطويلة في المستقبل. لا تستهين في الكلمات القصيرة لأنها تبدو سهلة القراءة؛ إنها سهلة القراءة لكننا هنا معنيين بحفظ صوت حرف العلة القصير داخل هذه الكلمات القصيرة. وعدم

1

حفظ لفظ الصوت الصحيح منذ البداية في الكلمات القصيرة يفسر سوء اللفظ حتى عند المتقدمين جدا في اللغة.

لفهم دروس الكتاب ولحفظ قراءة وتهجي الكلمات، يتطلب الالتزام بخطوات الكتاب المدروسة، فلا يجوز تقديم درس قبل درس آخر، ولا يجوز تعريف الطالب بكلمة بها صوت phonic لم يتم تعريفه وشرحه مسبقا. مثلا، لا يجوز تقديم كلمة مثل sky قبل اعلام الطالب بأن الحرف الصحيح y يتحول صوته الى صوت حرف العلة i في نهاية الكلمات القصيرة ذات المقطع الواحد.

ولأجل الحفظ، يجب قراءة كافة الكلمات في تمارين هذا الكتاب شفويا وبصوت عال. ولو كنتم بمدرسة، فليقرأ كافة الطلبة سوية شفويا، وبصوت عال، وبنغمة موسيقية واحدة. وأقرأ ببطء، ولا تجبر نفسك على الحفظ، وستحفظ عن فهم ودون أن تدري. ومن الضروري أيضا قراءة مقدمة هذا الكتاب وكيفية استعمال الكتاب ثم تفسيرها للطلبة.

AVOID تجنب

Dear Teachers: To begin, avoid teaching any letter that makes a sound different from its letter name. For instance, avoid teaching the hard "c" as in "cat" because you have just told the new learners that the name of this letter is "c," not "k." It is best to follow the order of the lessons presented in this book. Please do not change the order of these lessons because each step is carefully presented, and no lesson is placed here arbitrarily. Further, begin by teaching: letters, then phonics, then words, and then sentences.

Phonics before Words: For instance, this book avoids presenting any words that contain the "sh" sound as in "ship" until students are informed that the "sh" is a single sound produced by a combination of two letters. Before asking students to read any words that contain the "sh" sound as in "fish," you may first inform them and then show them how the letter "s" combined with the letter "h" to produce the single sound of "sh." Learning in this book is a process, and the "sh" example is only one of numerous examples to show how phonics are presented in this book. There are 90+ sounds we call phonics that are spelled in 180+ ways we call spelling patterns. Each spelling pattern of a sound is introduced separately, explained with a logical spelling rule, and then learned in practice lessons.

Informing before Introducing: The following examples show how some letters can make sounds different from their letter names, and students need to be gradually informed before introducing each such change. You may follow the steps in this book because they inform before introducing every new change. For instance, lesson 4 introduces only words that contain the letters that sound the same as their letter names. It introduces words like "kid" whereby the letter "k" sounds like the name of the letter "k." Lesson 5 informs that the ss, ff, ll, and zz come in doubles at the end of short words that contain one vowel as in mess, Jeff, will, and jazz—only after informing, are students asked to read words that end with ss, ff, ll, or zz. This entire book informs learners about a change that is about to occur before asking them to read any words that contain such changes. The following examples explain how confusing it can be to ask new learners to read a word that contains letters and sounds, which are different from its letter names:

1. The "c" sounds like the name of "c" in "cell," but like the "k" in "cut," like the "sh" in "social," and like the name of the letter "q" in "cute."

2. The "a" sounds like the name of the letter A in "main," but not in "man" and not in "auto."

3. The "e" sounds like the name of the letter E in "meat," but not in "met" and not in "trailer."

4. The "i" sounds like the name of the letter I in "hide," but not in "hid" and not in "skirt."

Chapter One

5. The "o" sounds like the name of the letter O in "hope," but not in "hop" and not in "choir."

6. The "u" sounds like the name of the letter U in "tube," but not in "tub" and not in "virus."

7. The "g" sounds like the name of the letter G in "huge," and like a hard "g" in "hug."

8. The "h" sound as in "hot" is different from the "h" sound in "th" as in "mouth."

9. The "s" sounds like Z when between two vowels as in "rose."

10. The "q" always sounds like the letter "k," not like the name of the letter "q" and every "q" is followed by a "u"—students must be informed ahead of time that every "q" is followed by a "u." They also need to be informed that every "qu" is followed by a vowel and that the "qu" sounds like "kw" as in "quit." The sound of the actual letter "q" is not found in "q," but in "cu" as in cute, cucumber, incubator, accurate, accumulate, cure, secure, etc.

11. After informing learners that letters' names can differ when they are used in words, inform them that a single sound can be written in several ways. For instance, the sound of "shin" at the end of words is spelled in "tion as in action" or in "sion as in expression" or in "cian as in musician" or in "cean as in ocean," or in "shion" as in fashion. Likewise, the sound of "shil" at the end of words is found in "cial as in social" or in "tial as in substantial" or in "sial as in controversial." These are only a few examples of such confusing word endings that are spelled in various ways. If such endings are presented too soon, they can cause a learner to think something is wrong with his or her ability to learn.

12. There are 26 English letters and 13 of these letters are inconsistent; they make sounds that are different from their letter names. It makes no sense to tell a learner that the name of this letter is "c" as in "cat" before informing him that the "c" can sound like a "k." Otherwise, he may read "cat" as "sat."

The steps by which a sound and a spelling pattern of a sound are introduced in this book are not random; they are carefully designed, and no letter or sound is introduced without a warning of its changes beforehand. Hence, anyone capable of learning the ABCs—including those with dyslexia—immediately reads from this book, and he or she continues to read without a stop, until all the different sounds (phonics) that change are memorized.

Meaning of Phonics: Phonics is a group of 90+ sounds made by letters that do not sound like their letter names. A phonic is a single sound produced by a combination of letters like the "ph" in "photo." Or it is a single new sound produced by one letter that does not sound like its letter name, like the "y" in "sky" that sounds like an "I." In addition to the 26 English letters, there are 90+ English sounds we call phonics, which are spelled in 180+ ways we call spelling patterns. In addition to learning letters, each of the 180 spelling patterns of sounds needs to be learned separately and gradually. Such different ways of spelling phonics should have been added to the English alphabet. These are examples of the changes in the sounds and spelling patterns of the letter "a":

A:
ā: rain, ate, day, able, eight
ă: fat, fatter
ɔ: fall, false, auto, law
a: war
ə: permanent

Summary of the Inconsistency in English Sounds and their Spelling Patterns

A: (5 Sounds, 12 Spelling Patterns) ran, rain, fate, day, able, eight, auto, law, also, fall, war, about

B: (2 Sounds, 2 Spelling Patterns) bed, comb

C: (3 Sounds, 14 Spelling Patterns) cell, city, cyst, cat, cop, cut, club, crown, act, account, plastic, ache, social, ocean

D: (2 Sounds, 3 Spelling Patterns) deep, [procedure, schedule, module, educate], soldier

E: (5 Sounds, 14 Spelling Patterns) led, lead, meet, meat, Pete, belief, receive, monkey, lucky, me, elite, bikini, poetry, large

F sound: (1 Sound, 3 Spelling Patterns) font, geography, laugh

G: (4 Sounds, 18 Spelling Patterns) huge, magic, stingy, gas, go, gum, guest, glad, grab, egg, hug, get, give, girl, gynecology, sign, night, laugh

H: (14 Sounds, 14 Spelling Patterns) ship, this, think, Thomas, telephone, chill, ache, mustache, {microfiche}, yacht, when, who, high, cough, ghost

I sound: (8 Sounds, 18 Spelling Patterns) bit, bite, right, sign, find, sky, die, dye, type, giant, cycle, cyst, solitude, mini, onion, delicious, vision, soldier

K: (2 Sounds, 2 Spelling Patterns) kite, know

O: (11 Sounds, 22 Spelling Patterns) hop, hope, snow, toe, soul, boat, open, fork, cold, post, comb, boy, boil, bought, flour, flower, memory, boot, wood, could, wolf, blood, one

P: (2 Sounds, 2 Spelling Patterns) proud, receipt

Q: (1 Sounds, 3 Spelling Patterns) qu=kw: quit, liquor, silent ue: unique

S: (4 Sounds, 11 Spelling Patterns) sat, (s=z: rose, is, pens, transit) (su=sh: sugar, sure, pressure, sensual, mission) (vision, pleasure, usual)

T: (3 Sounds, 3 Spelling Patterns) tea, action, patient, residential, factual, future

U: (5 Sounds, 16 Spelling Patterns) cut, cute, blue, suit, feud, few, human, zoo, who, you, virus, guess, (u=w: quit, lingual, out, suede)

V: (1 Sounds, 2 Spelling Patterns) vice, save, savvy

W: (5 Sounds, 5 Spelling Patterns) we, few, write, lawn, mower

X: (3 Sounds, 3 Spelling Patterns) x=ks: box, x=kc: ob·nox·ious, x=z: xy·lo·phone

Y: (7 Sounds, 8 Spelling Patterns) yes, pray, pry, type, gym, happy, money, boy

Z: (1 Sounds, 3 Spelling Patterns) zebra, fuzz, freeze

الدرس الاول: تصحيح ترجمة اسماء الحروف الإنكليزية للعربية (h هو أيْج وليس إج)

◂ اقرأ الترجمة الجديدة التي تختلف عن الطرق التقليدية لترجمة اسم الحرف الإنكليزي للعربية، وانتبه للفظ الجديد لاسم الحرف h الذي هو أيْ ج وليس إج، ولفظ اسم r الذي هو (ألف مقصورة) ى وليس ر. وانتبه أيضا لصوت الفتحة (أَ) وليس الكسرة (إِ) في كل من أسماء الحروف: أَف f وليس إف، أَلْ l وليس إلْ، أَمْ m وليس إم، أَنْ n وليس إن، أَسْ s وليس إس، أَكْس x وليس إكْس.

a أي	b بيي	c سيي	d ديي
e إيي	**f** أَف	g جيي	**h** أيْج
i آي	j جَي	k كَي	**l** أَلْ
m أَمْ	**n** أَنْ	o ءو	p پيي
q كْيوو	**r** ى	**s** أَسْ	t تيي
u يوو	v ڤيي	w دَبِل يوو	**x** أَكْس
y واي	z زيي / زَت		

A	B	C	D	E
F	G	H	I	J
K	L	M	N	O
P	Q	R	S	T
U	V	W	X	Y
Z				

English Phonics for Arabic Speakers

◀ الدرس الثاني: التعرف على حروف العلة والحروف الصحيحة الإنكليزية vowels وconsonants

◀ تتحكم حروف العلة الإنكليزية الأساسية الخمسة (ڤـاولْز vowels) في طريقة قراءة وتهجي الكلمات الإنكليزية، وهي مهمة للغاية ويجب قراءتها بصوت عال عدة مرات إلى أن يتم حفظها عن ظهر غيب، وبالتسلسل، ابتداء من **a** وهي:

a e i o u

◀ أما الحروف الصحيحة consonants، فهي بقية الحروف وهي أقل أهمية من حروف العلة لأن حرف العلة مليء بالصوت والحرف الصحيح بدون صوت، والحالة الوحيدة لسماع صوت الحرف الصحيح هي حين لفظ حرف علة معه، وأيضا تتحكم حروف العلة باللغة برمتها والحرف الصحيح لا قيمة له من ناحية التحكم في اللغة، وهذه هنا هي الحروف الصحيحة كلها:

b c d f g h j
k l m n p q r
s t v w x y z

مقارنة بين حروف العلة العربية وحروف العلة الإنجليزية

إن تعلم أي لغة جديدة يستوجب تعلم بعض المصطلحات اللغوية كحروف العلة، والحروف الصحيحة، وعدد المقاطع في الكلمة، الخ. لفهم تركيبة الكلمة الإنكليزية نبدأ بفهم حروف العلة العربية ثم نقارن بين حروف العلة العربية وحروف العلة الإنكليزية (ڤـاولْز vowels).

حروف العلة العربية الطويلة هي الألف، والواو والياء. ومن ضمن الألف لدينا الألف المقصورة والمَدّة. أما حروف العلة العربية القصيرة فهي الفتحة والضمة والكسرة ونسميها الحركات. بينما حروف العلة الإنكليزية الخمسة ابتداءً من a ومنتهية بـ u، هي a - e - i - o - u. وتكون هذه الحروف الخمسة نفسها طويلة أحيانا وقصيرة في أحايين أخرى. وتتحكم هذه الحروف الخمسة في اللغة الإنكليزية كلها، فهي تتحكم في طريقة لفظ الكلمة الإنكليزية وفي صوتها وقراءتها وتهجيها. ويجب حفظ حروف العلة الإنكليزية vowels عن ظهر غيب وبالتسلسل، ابتداء من a. كما يجب معرفة أن حرف العلة في اللغتين يتميز عن الحرف الصحيح كونه مليء بالصوت وكونه يمنح الصوت للكلمة. ونتذكر دائما أن حروف العلة الإنكليزية تساعد بعضها بعضاً.

ففي العربية ثلاثة حروف علة طويلة وثلاثة قصيرة وكلها ذات رموز واضحة. أما في الإنكليزية، فنفس حرف العلة يكون طويلا تارة وقصيرا تارة أخرى معتمدا على ما يتبعه من حروف أخرى. مثلا نفس الـحرف e يكون صوته قصيرا حينا كما في (مَت met) لأنه متبوع بـ t، وطويلا حينا آخر كما في (ميـيت meat) لأنه متبوع بـ a، إذ يعتمد صوت حرف العلة الإنكليزي على الحرف الواحد وأحيانا على الحرفين اللذين يتبعانه. وحروف العلة الإنكليزية تساعد بعضها بعضا، كما في (ميـيت meat) حيث a تساعد e على أن تحتفظ باسمها E.

6

الدرس الثالث: التعرف على أصوات الحروف الإنكليزية في الكلمات

◂ إن صوت الحرف يختلف عن صوت اسم الحرف، ففي البدء، اقرأ ترجمة صوت واحد لكل حرف إنكليزي:

a	**at**	آ	b	**bat**	بْـ	c	**cell**	سـ
d	**dot**	دْ	e	**set**	فتحة	f	**fit**	فـ
g	**gel**	جْـ	h	**hat**	هْـ	i	**it**	كسرة
j	**job**	جْـ	k	**kit**	كْـ	l	**lip**	لْـ
m	**man**	مْـ	n	**nap**	نْـ	o	**hot**	ى
p	**pen**	پْـ	q	**quit**	كْـ	r	**ran**	وْر
s	**sat**	سْـ	t	**ten**	تْـ	u	**up**	ءَ
v	**vet**	ڤـ	w	**win**	وْ	x	**fax**	كْس
y	**yes**	يْـ	z	**zip**	زْ			

Instructions to Teachers Continue

عزيزي المدرس: في البدء تجنب تدريس الحروف ذات الأصوات التي لا تشبه أسمائها. مثلا، تجنب تدريس حرف (c) الصلب كما في cat لأن المبتدئ قد تعلم توا بان (c) هو حرف رخو كما في face. فلا تعلمه (c) كما لو كانت k كما في cat إلا بعد أن تنبهه مسبقا بأن حرف c يُستخدم أيضا لتمثيل صوت k.

وأيضا تجنب البدء بتدريس (g) الصلب كما في go، وتجنب تدريس صوت s مثل (z) كما في is، وتجنب تدريس الحرف (q)، وتجنب تدريس (y) كحرف علة كما في sky، وتجنب تدريس الحروف المكررة كالـ (dd) في add، وتجنب تدريس حروف صحيحة ملتصقة كالـ (th) في this، وتجنب تدريس المزيجات الساكنة كالـ (st) في stamp، وتجنب تدريس أكثر من حرف علة واحد بالكلمة كالـ (oo) في boot.

ابدأ بتدريس الطالب اسم الحرف أولا ثم الصوت الذي يمثله متبعا خطوات هذا الكتاب التي فيها يتم تجنب التدريس المبكر للأصوات التي لا تشبه أسمائها. مثلا، أخبر الطالب بأن اسم حرف h هو (أيْج) ثم الفظ صوت الحرف h الذي هو (هْـ) كما في (هات hat).

لا تغير من تسلسل أي خطوة من خطوات هذا الكتاب لأنه -أي التسلسل- ليس عشوائي وكل خطوة من خطوات الكتاب مدروسة بعناية تامة لتُمَكِن أي كان أن يقرأ فورا ومن دون تلكؤ. فقبل تعريف الطالب بأي حالة جديدة عن التغيرات في الأصوات المكونة من حروف ملتصقة مع بعضها يتم تحذيره مسبقا عن هكذا تغير. مثلا، يؤجل الكتاب عرض أي كلمة بها حرفين متكررين مثل dd في add إلى أن يتم إبلاغ الطالب عن كون معظم الحروف الصحيحة تتكرر.

To start, avoid teaching words that contain hard c, hard g, qu, the s that sounds like a z as in "has", double letters as in "add", the y as a vowel as in "gym", consonant blends like the st in "stamp", any digraphs like the sh in "ship", two vowels in a word like the ea in "meat", silent letters like the k in "*k*now", words endings like the -tion in "action", and avoid teaching any long words. For now, stick with words that contain one short vowel as presented in this book, which are in a carefully designed order.

To start, stick with the order of words listed in this book. Show students how each consonant sounds and how it is different from its letter name. For instance, make the sound of "h" as in "hat" and show students how the "h" sound is different from the name of the letter "h".

Before asking students to write, ask them to read the practice lessons in this entire book aloud slowly. All students MUST read aloud to ensure that all of them will learn to read and spell.

الدرس الرابع: الصوت الاول لكل حروف علة

هذه المجموعات من الكلمات مهمة للغاية بالنسبة لطالب القراءة المبتدئ لأنها تقدم صوتا واحدا للحرف الصحيح وهو صوت اسم الحرف نفسه وهي تتجنب، بعناية تامة، تقديم أي حرف صحيح ذو صوت متغير عن اسمه. مثلا تقدم "s" فقط كما في "sat" وتتجنب تقديم أي كلمة مثل "has" لأن صوت "s" في "has" هو مثل "z" وليس مثل اسم الحرف "s". وأيضا تبدأ بتعريف الطالب بصوت واحد فقط لكل حرف علة مع ترجمة دقيقة لنظير هذا الصوت بالعربية. لا تستهين بهذه الكلمات التي تبدو بسيطة، فحفظ الصوت فيها ولفظه الصحيح هو الحجر الأساس لتعلم اللغة الإنكليزية.

ملاحظة: هنا أخبر الطالب بان أسماء الأشخاص تبدأ بحرف كبير واسأله أن يكرر قراءة الصفحات التالية إلى نهاية هذا الدرس شفويا وبصوت عال خمس مرات أو أكثر. إن قراءة هذه الصفحات مهمة للغاية بالنسبة للمبتدئ وأيضا بالنسبة للمتقدم باللغة الإنكليزية ممن تعلم اللغة بالطرق التقليدية:

◂ المجموعة الأولى تحتوي على الصوت القصير لحرف العلة a ونظيره بالعربية هو صوت المَدَّة (آت at):

a→آ

آت - في at	سات - جلسَ sat	فات - سمين fat
وْرات - فأر rat	مـات - مّدوَسَة mat	نـــات Nat
هـات - قبعة hat	ڤـات - حوض vat	پـات - ربتة pat
مـان - رجُل man	وْران - ركضَ ran	ڤـان - أوتوبيس van
فـان - مروحة fan	تـان - يتشمس tan	بـان - مَنِع ban
پـان - مقلات pan	دان Dan	جـان Jan
مـاپ - خريطة map	نـاپ - قيلولة nap	لاپ - حُضنْ lap

تـاپ - حنفية tap	زاپ - يتحرَك بسرعة zap	سـاپ - خندق sap
پاپ - طعام ناعس pap	يـاپ - لغو yap	هـاپ - حظ hap
سـام Sam	پـام Pam	جام - مربُى jam
دام - سَد dam	وْرام - كبش ram	يـام - بطاطس حلوة yam
آم - أنا ذا am	مـاد - غضبان mad	بـاد - رديء bad
پـاد - بطانة pad	سـاد - حزين sad	هـاد - امتلكَ had
فـاد - بدعة fad	داد - أب dad	لاد - فتى lad
آد - إعلان ad	آل Al	پـال - صاحِب pal
تـاب - فاتورة tab	لاب - مختبر lab	داب - لَمسَة dab
جـاب - إبرة jab	نـاب - يمسك nab	واكْس -ُلمِع wax
تـاكْس - ضريبة tax	فاكْس fax	آكْس - فأس ax

◀ المجموعة الثانية تحتوي على الصوت القصير لحرف العلة e ونظيره بالعربية هو صوت الفتحة (سَت set).

فتحة ← e

سَت - طقم	مَت - التقى	پَت - حيوان مُدلل
s**e**t	m**e**t	p**e**t
وَت - مُبلل	بَت - رهان	ڤَت - طبيب بيطري
w**e**t	b**e**t	v**e**t
نَت - شبكة	يَت - لحد الآن	لَت - يَدَع
n**e**t	y**e**t	l**e**t
جَت - طائرة	بَد - سرير	وْرَد - أحمر
j**e**t	b**e**d	r**e**d
فَد - غذّى	وَد - تزوَّجَ	لَد - قادَ
f**e**d	w**e**d	l**e**d
مَد - طبي	نَد	تَد
m**e**d	N**e**d	T**e**d
أَد	مَن - رجال	پَن - قلم
Ed	m**e**n	p**e**n
تَن - عشرة	دَن - غرفة معزولة	فَن - مستنقع
t**e**n	d**e**n	f**e**n
هَن - دجاجة أُنثى	يَن - عُملة يابانية	بَن
h**e**n	y**e**n	B**e**n
كَن	وَب - شبكة اتصالات	دَب
K**e**n	w**e**b	D**e**b
پَپ - نشاط	هَكْس - الشَر	ڤَكْس - يُغيظ
p**e**p	h**e**x	v**e**x

11

◄ المجموعة الثالثة تحتوي على الصوت القصير لحرف العلة i ونظيره بالعربية هو صوت الكسرة (سِت sit).

كسرة →i

سِت - جلَسَ sit	بِت - عضَ bit	كِت - عِدَّة kit
هِت - يضرب hit	پِت - حضيض pit	لِت - أوقدَ lit
إت - هوَ it	تِم Tim	جِم Jim
كِم Kim	وْرِم - حافة rim	فِب - خرافة fib
لِب - تحرر lib	وْرب - ضلع rib	نِب - منقار nib
هِپ - ورك hip	سِپ - يرشف sip	لِـپ - شِفة lip
تِـپ - إكرامية tip	سِكْس - ستة six	فِكْس - يُصلِح fix
مِكْس - يخلط mix	سِن - خطيئة sin	بِن - سلة مهملات bin
فِن - زعنفة fin	وِن - يربح win	كِن - قرابة عائلية kin
دِن - ضجيج din	تِن - صفيح tin	پِن - دبوس pin
إن - في in	لِد - غطاء القِدر lid	هِد - يختبئ/ يخبئ hid
دِد - عملَ did	بِد - راهنَ bid	بِب - صدرية طفل bib
him	dim	vim

◀ المجموعة الرابعة تحتوي على الصوت القصير لحرف العلة o ونظيره بالعربية هو صوت الألف المقصورة (ىن on). ولإننا نرمز للصوت بالكلمات الإنكليزية وليس بالعربية، ممكن أن يظهر صوت الألف المقصورة في داخل الكلمة الإنكليزية أو في بدايتها.

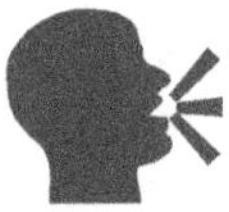

o→ى

تىم Tom	مىم - ماما mom	بىب Bob
مىب - عصابة mob	وْرىب - يسرق rob	وْرىب Rob
جىب - عَمَل job	سىب - يبكي sob	فيب - تسليم fob
بىكْس - صندوق box	فيكْس - ثعلب fox	تىپ - قِمة top
هىپ - يقفز كالأرنب hop	مىپ - ممسحة ارض mop	نىت - ليس not
هىت - حار hot	پىت - قِدر pot	دىت - نقطة dot
لىت - قطعة أرض lot	جىت - يكتب باختصار jot	وْرىن Ron
ىن - على on	نىن - غيَر الـ non	وْرىد - قضيب الستائر rod
سىد - حشيش وطين sod	نىد - يومئ nod	پىد - لب الفاصولية pod

◂ المجموعة الخامسة تحتوي على الصوت القصير لحرف العلة **u** الذي يعادل صوت الهمزة زائدا فتحة لما يكون في بدية الكلمة كما في (ءَپ **up**)، لكن صوت الهمزة يتضاءل حين يكون هذا الحرف في وسط الكلمة كما في (بـءَص b**u**s).

u→ ءَ

ءَس - نحن/ مفعول به **us**	بـءَص - أوتوبيس b**u**s	فـءَن - مَرَحْ f**u**n
ݘرءَن - يركض r**u**n	صـءَن - شمس s**u**n	بـءَن - خبز مُدّور b**u**n
پـءَن - تورية شعرية p**u**n	نـءَن - راهبة n**u**n	ءَپ - فوق **u**p
پـءَپ - جرو p**u**p	تـءَب - حوض t**u**b	صـءَب - غواصة s**u**b
ݘرءَب - يفرك r**u**b	هـءَب - محور h**u**b	پـءَب - حانة p**u**b
دءَب - اسم d**u**b	بـءَت - لكن b**u**t	نـءَت - بندقة ما n**u**t
هـءَت -كوخ h**u**t	بـءَد B**u**d	بـءَد - برعم b**u**d
دءَد - قشرة القنبلة d**u**d	مـءَد - طين m**u**d	بـءَم - صعلوك b**u**m
هـءَم - يغني لنفسه h**u**m	صـءَم - مبلغ s**u**m	شراب - رءَم r**u**m

Continue to avoid introducing any words that contain hard **c**, hard **g**, **qu**, **s** like **z** (was), double letters (a**dd**), the **y** as a vowel (gym), consonant blends (**st**amp), digraphs (fi**sh**), two vowels next to each other (b**oa**t), any long words, any words with suffixes (na**tion**), and just stick with the order of words listed in the following lessons. Also, continue to remind students to read aloud because they may forget.

الدرس الخامس: قاعدة تكرار كل من ss, ff, ll, zz في نهاية الكلمات القصيرة

◀ قاعدة تهجي: إن كل من الحروف s و f و l و z تتكرر عندما تكون في نهاية الكلمات القصيرة ذات المقطع الواحد، والتي تحتوي على حرف علة واحد كما في هذه الكلمات:

سمك بحري	كتلة	يعبر
ba**ss**	ma**ss**	pa**ss**

يُقبل	يبعثر	أقل
ki**ss**	me**ss**	le**ss**

يرمي عشوائيا	رب العمل	يفتقد
to**ss**	bo**ss**	mi**ss**

إطلاقة	يُهين	جَف
pu**ff**	mi**ff**	Je**ff**

ياقة كطوق	عمل رديء	جلد أصفر
ru**ff**	mu**ff**	bu**ff**

خلية	يبيع	يقول
ce**ll**	se**ll**	te**ll**

جحيم	يصرخ	جرس
he**ll**	ye**ll**	be**ll**

مريض	جيد	وقع
i**ll**	we**ll**	fe**ll**

فاتورة	حبة دواء	تَل
bi**ll**	pi**ll**	hi**ll**

جِل	سوف	أعشاب للمخلل
Ji**ll**	wi**ll**	di**ll**

طاحونة	عتبة	يملأ
mi**ll**	si**ll**	fi**ll**

صوت النحل	زغب القماش	موسيقى الجاز
bu**zz**	fu**zz**	ja**zz**

الدرس السادس: حروف صحيحة بدون حرف علة بينها، (المزيجات الساكنة consonant blends)

◄ قد يتجاور حرفان صحيحان وأحيانا ثلاثة حروف صحيحة دون أن يكن بينهم حرف علة، كحرفي bl في bled وكما في المزيجات الساكنة في هذه الكلمات. في العربية نستخدم السكون بين حرفين صحيحين بدون حرف علة بينهما. اقرأ التمارين بصوت عال وليقرأ كافة الطلبة سوية بصوت عال وبنغمة موسيقية واحدة، اقرأوا تمارين الكتاب كلها بصوت عال، حتى وإن لم يطلب منكم ذلك:

مزيج **bl**ed	يُبارك **bl**ess	نخالة **br**an
بْ وْراد **Br**ad	يلبس **dr**ess	يُسقِط **dr**op
يناقش طويلا **dw**ell	مسطح **fl**at	هربَ **fl**ed
فْ وْرَد **Fr**ed	فْ وْران **Fr**an	يخطط **pl**an
مؤامرة **pl**ot	يضغط **pr**ess	يقف **st**op
يخطو **st**ep	رشيق **sl**im	يسدَ بقوة **sl**am
يشم **sm**ell	ينسكب **sp**ill	يتهجى **sp**ell
يلغي ويستمر **sk**ip	مهارة **sk**ill	لمحة بصر **sn**ap
يشم ويتنشق **sn**iff	سبحَ **sw**am	يتورم **sw**ell

نسخة الصك **st**ub	متصلب **st**iff	أشياء **st**uff
رِحلة **tr**ip	كمين **tr**ap	توأم **tw**in
إسراع مفاجئ **spr**int	رَباط **str**ap	ضغط **str**ess

◂ بعض المزيجات الساكنة تقع في نهاية الكلمة كما في:

مصباح la**mp**	عِلو/ مَنفَذ ra**mp**	يُعرج بالمشي li**mp**
المخنث wi**mp**	يقفز ju**mp**	يضخ pu**mp**
المَصرف ba**nk**	حوض ta**nk**	يغطس si**nk**
وردي pi**nk**	غطسَ su**nk**	كتلة hu**nk**
قِناع ma**sk**	مُهِمة ta**sk**	مخاطَرة ri**sk**
قرص للحاسوب di**sk**	رَحلة de**sk**	غسق du**sk**
يساعد he**lp**	حليب mi**lk**	حرير si**lk**

شَعَرَ felt	هَجَرَ jilt	يرفع للأعلى lift
ينخل بالمنخل sift	احتفظَ بِ kept	بكى wept
يحني bend	يرسل send	أحْنيَ bent
يطبع print	الأحسن best	راحة rest
حَقلْ farm	ذراع arm	يوقف سيارة park
داكن dark	يُفيد perk	كِ وْرْك Kirk
عِشب turf	يغور بالأمواج surf	قيثارة harp
تجشؤ burp	سوق mart	فَنّ art
القادم next	نـص text	طابع بريدي stamp
نامَ slept	مزيج blend	نهاية end

Chapter One

الدرس السابع: كافة الحروف الصامتة في هذا الكتاب مكتوبة مائلة (*k*not)

◄ الحرف المكتوب بطريقة مائلة في هذا الكتاب يدل على أنه حرف يكتب ولا يلفظ – أي حرف صامت، كما في:

يحوك	عقدة الربطة	مقبض الباب
*k*nit	*k*not	*k*nob

قنبلة	أخرق	منتجع
bom*b*	dum*b*	lo*dg*e

19

الدرس الثامن: الحروف المتكررة، وهي مثل بالشَّدة في العربية (a*dd*)

▸ Sometimes consonants double for many different reasons that will be explained later. For instance, the "n" doubles in "inn" to tell it apart from "in". Further and as in "mi*t*t", and as in "fa*t*·ty", the first of the double consonants is usually silent.

◂ تتكرر معظم الحروف الصحيحة الإنكليزية لأسباب مختلفة سيتم ذكرها لاحقا، وعادة عندما يتكرر الحرف الصحيح، يكون الأول صامتا، كما في:

فندق i*nn*	يضيف a*dd*	قفاز mi*tt*
كلب هجين mu*tt*	تـىد To*dd*	غريب الأطوار o*dd*

الدرس التاسع: لكل حرف علة أكثر من خمسة أصوات وعشرة طرق للتهجي

Warn students that each vowel will be making many different sounds from its letter name. Each vowel and its changes will be presented in a separate chapter in this book. Read these examples of some of the changes in each vowel:

حذر الطالب بأن لكل حرف علة أصوات متعددة وطرق تهجي مختلفة وإن أغلب التغيرات في الأصوات تطرأ في حروف العلة، لذلك يعزل هذا الكتاب كل حرف علة في فصل خاص به، عارضا كل تغير في صوته وفي طريقة تهجيه. هذه الأمثلة تعبر عن تغير واحد فقط في صوت وتهجي كل علة:

مَت - التقى **e: met**	مييت - لحم **meat**
مـان - رَجل **a: man**	مَـيْن - رئيسي **main**
وْرىد – قضيب الستائر **o: rod**	وْرود - طريق **road**
سِت - اجلس **i: sit**	سـايْت - موقع **site**
تـَب - حَوض **u: tub**	تـووب - أنبوب **tube**

Continue to avoid teaching any words that contain hard c, hard g, qu, s like z (has), y like a vowel (gym), digraphs (ship), two vowels in a word (meet), long words, words with suffixes (-tion), and just stick with the order of words in lessons presented in this book.

English Phonics for Arabic Speakers

معنى كلمة المقطع واسمه syllable

Syllable: Dots inside words represent a division of words into syllables as in "win·dow". A syllable is a part of a word, which contains one vowel sound in it. There are two syllables in "win·dow", "win" and "dow". There are two syllables in "o·pen", "o" and "pen". There is only one syllable in "me". There are three syllables in "me·di·a". There are two syllables in "vow·el", "vow" and "el". Don't be afraid of big words, they are all made of small syllables.

اشرح لطالبتك معنى كلمة مقطع (سِلِبِّل syl·la·ble): تتكون الكلمات العربية إما من مقطع واحد كما في كلمة (حُب) أو من مقاطع عدة كما في كلمة (بَـغْـداد). إذ تتكون كلمة (بَـغْـداد) من مقطعين، وهما (بَغْـ) و(داد). وتتكون كلمة (مُهمّات) من ثلاثة مقاطع، وهي (مُـ) (ـهِمْ) (ـمـات). وتتكون كلمة (ألسِعودِيَـةُ) من ستة مقاطع، وهي (ألـ) (ـسِـ) (ـعو) (دِ) (يَـ) (ـةُ). وتتكون كلمة (أمي) من مقطعين، وهما (أم) و(ي). لذا يجب أن يحتوي كل مقطع على صوت واحد فقط لأحد حروف العلة العربية الستة، وحرف العلة الصامت لا يحتسب وجوده في المقطع. فلاحظ أن الضمة فوق الألف هي حرف العلة ذو الصوت في مقطع (أم) والألف هي حرف علة صامت، وحرف العلة الصامت لا يحتسب وجوده كصوت في المقطع ولا يستطيع أن ينفصل ويؤسس مقطعا بمفرده. ولاحظ -أيضا- انخفاض فكك الأسفل مع تلفظك لكل مقطع في الكلمة.

وكذلك حال الكلمات الإنكليزية، فهي أيضا تتكون إما من مقطع واحد كما في كلمة me أو من عدة مقاطع كما في me·di·a. وتتكون كلمة win·dow من مقطعين وهما (win) (dow). وتتكون كلمة i·de·a من ثلاثة مقاطع هي (i) (de) (a). وتتكون كلمة con·tin·ue من ثلاثة مقاطع وهي (con) (tin) (ue). وتتكون كلمة con·tro·ver·sial من أربعة مقاطع وهي (con) (tro) (ver) (sial).

يجب أن يحتوي المقطع، سواء كان في العربية أم في الإنكليزية، على صوت واحد فقط لا غير من أصوات حروف العلة. ومن الممكن أن يحتوي المقطع على أكثر من حرف علة إلا أنه لا يجوز أن يحتوي المقطع في اللغتين على أكثر من صوت واحد لحرف علة، وحرف العلة الصامت لا يحسب وجوده كصوت في المقطع.

يحتوي المقطع أحيانا على أكثر من حرف علة، لكن صوت، عدة حروف علة مجتمعة في هكذا حالة، يكون صوت واحد فقط. مثلا يحتوي، مقطع beau في كلمة beau·ti·ful على ثلاثة حروف علة لكن الصوت هو صوت u الواحد في beau لان ea صامتان، وحرف العلة الصامت لا يُحسب وجوده كصوت في المقطع. وكذا لا تُحسب حروف العلة الصامتة لأنها لا تُسمع ووجودها في المقطع هو لأسباب متعددة سيتم ذكرها لاحقا. والآن قارن حرف العلة الصامت e في آخر كلمة cake مع حرف العلة الصامت (الألف) في بداية كلمة (أم).

الدرس العاشر: مقارنة بين حروف العلة القصيرة في كلمات منتقاة وهي الحجر الأساس في اللغة

Compare the five short vowels' sounds in these words while reading them aloud slowly. Read these words aloud slowly five times or more; they are the foundation for all the English words that you will be learning in the future:

قارن بين أصوات حروف العلة القصيرة (short vowels) واقرأ هذه الكلمات <u>بصوت عال خمس مرات أو أكثر</u> لإنها كلمات جوهرية وجدا مهمة، وهي الحجر الأساس لتعلّم كافة الكلمات الطويلة في الإنكليزية. ركز على هذه الكلمات الثمينة جدا، وسوف تنجح مهمتك في دراسة وتعلم اللغة الإنكليزية:

آ ↓	فتحة ↓	كسرة ↓	ى ↓	ءَ ↓
مــاد - غضبان mad	مَد - طبي med	مِد - وسَط mid	مـى د - عصري mod	مـءَد - طين mud
پـاپ - طعام سائل pap	پَپ - نشاط pep	پِپ - نواة وَلب pip	پـى پ - يفرقع pop	پـءَپ - جرو pup
هـات - قبعة hat		هِت - يضرب hit	هـى ت - حار hot	هـءَت - كوخ hut
دان Dan	دَن - غرفة للراحة den	دِن - ضجيج din	دى ن Don	دءَن - طلب الدَين dun
مـاس - كتلة mass	مَس - بعثرَ mess	مِس - يفتقد miss	مـى س - أشنه moss	مـءَس - يشوش muss
آن - فردة an		إن - في/ بِـ in	ى ن - على on	ءَن - غيرْ un
فـان - مروحة fan	فَن - هور fen	فِن - زعنفة fin		فـءَن - مَرَح fun
پـان - مقلاة pan	پَن - قلم pen	پِن - دبوس pin		پـءَن - تورية pun

بـاد - رديء bad	بَد - سرير bed	بِد - رِهان bid		بـءَد - برعم bud
هـال Hal	هَل - جحيم hell	هِل - تل hill		هـءَل - هيكل hull
بـان - حَضراً ban	بَن Ben	بِن - سلة مهملات bin		بـءَن - كعكة bun
دام - سَد dam		دِم - خافت الضوء dim		دءَم - أخرق dum*b*
آد - يضيف a*d*d	أد Ed		ىد - غريب الأطوار o*d*d	
سـاد - حزين sad		سِد Sid	سىد - حشيش وطين sod	
داد - بابا/ أب dad		دِد - عمَلَ did		دءَد - عديم الفائدة dud
تـاپ - حنفية tap		تِـپ - إكرامية tip	تىپ - قمة top	
سْلام - يسد الباب بقوة slam		سْلِم - نحيف slim		صْلـءَم - حي شعبي slum
ساپ - سائل النباتات sap		سِـپ - يرتشف sip	سىپ - خبز منقوع sop	
هـاپ - حَظ hap		هِـپ - الوِرك hip	هىپ - يقفز hop	

باس - سمك بحري
bass

بى‌ص - رب العمل
boss

بـءَص - أوتوبيس
bus

ساكْس - ساكسفون
sax

سِكْس - ستة
six

صىكْس - جورَب
sox

فاكْس
fax

فِكْس - يُصلح
fix

فىكْس - ثعلب
fox

آت - في حالة
at

إت - هو للمجهول
it

هاد - امتلكَ
had

هِد - اختبأ
hid

فاد - بدعة
fad

فَد - غذى
fed

پـاد - بطانة
pad

پـىد - أخدود مستقيم
pod

ماپ - خريطة
map

مىپ - ممسحة أرض
mop

لاپ - حُضن
lap

لِپ - الشفة
lip

زاپ - يُحرك بسرعة
zap

زِپ - يسحب السحاب
zip

تاب - فاتورة
tab

تـءَب - حوض
tub

جـاب - يوخز
jab

جى‌ب - عَمَلْ
job

سْتاب - يطعن
stab

سْتـءَب - نسخة الصك
stub

وْران - ركضَ
ran

وْرىن
Ron

وْرءَن - يركض
run

مـان - رَجُل
man

مَن - رِجال
men

تـان - برونزي
tan

تَن - عشرة
ten

تِن - صفيح
tin

پـال - صاحب
pal

پِل - حبة دواء
pill

سال
Sal

سَل - يبيع
sell

سِل - عتبة
sill

آل
Al

إل - مريض
ill

ســام
Sam

صـءَم - مبلغ
sum

حُضن
lap

لِـپ - شفة
lip

سْتَـپ - يخطو
step

سْتىپ - يقف
stop

سْلاپ - يصفع
slap

سْلِپ - زَلّة
slip

وْرَد - أَحمر
red

وْرِد - يُخلّص
rid

وْرىد - قضيب
rod

لَت - دَع
let

لِت - يوقد
lit

لىط - قطعة أرض
lot

لَد - قادَ
led

لِد - أَضاءَ
lid

جَت - طائرة
jet

جىط - ذِرَّة
jot

وَت - مبلل
wet

وِت - براعة
wit

تَد
Ted

تىد
Todd

نَد
Ned

نىد - إيماءة بتحريك الرأس
nod

وْرِب - ضِلعْ
rib

وْرىب - سرقَ
rob

وْرءَب - يفرك
rub

نِب - رأس القلم
nib

نىب - مِقبَض
knob

نءَب - صميم
nub

بِب - صدرية طفل
bib

بىب
Bob

		سـى‌ب - بكي بحرارة sob	سـءَب - غواصة sub
	سِن - خطيئة sin		صـءَن - شمس sun
	وِن - يربح win	وى‌ن - ربَحَ won	
		نـى‌ن - غيَر non	نـءَن - راهبة nun
بَل - جرس bell	بِل - فاتورة bill	بى‌ل - جوزة قطن boll	
فَل - وَقَعَ fell	فِل - يملأ fill		
وَل - حسَن/ بئر well	وِل - سوف/ وَصية will		
	هِم - هو/ ـه him		هـءَم - يدندن مُغنيا hum
	تِم Tim	تـى‌م Tom	
	بى‌م - قنبلة bom*b*	بـءَم - صعلوك bum	
	فِز - فوران الفوار fizz		فـءَز - وَبر القماش fuzz

Chapter Two: الفصل الثاني

التعرف على حروف العلة الطويلة

القاعدة الأولى لتهجي صوت حرف العلة الطويل

الدرس 11: قاعدة الأصوات الأولى في الحرفين ai كما في main 30

الدرس 12: قاعدة الأصوات الأولى في الحرفين ea كما في meat 32

الدرس 13: قاعدة الأصوات الأولى في الحرفين oa كما في road 33

الدرس 14: قاعدة الأصوات الأولى في الحرفين ie كما في tie 34

الدرس 15: قاعدة الأصوات الأولى في الحرفين ue كما في blue 35

القاعدة الثانية لتهجي صوت حرف العلة الطويل

الدرس 16: الحرف الصحيح الواحد ضعيف بين الحرفين a-e كما في fate 36

الدرس 17: الحرف الصحيح الواحد ضعيف بين الحرفين o-e كما في note 38

الدرس 18: الحرف الصحيح الواحد ضعيف بين الحرفين i-e كما في bite 39

الدرس 19: الحرف الصحيح الواحد ضعيف بين الحرفين u-e كما في tube 40

الدرس 20: الحرف الصحيح الواحد ضعيف بين الحرفين e-e كما في Pete 41

Continue to avoid teaching any words that contain hard **c**, hard **g**, **qu**, **s** like **z** (ha**s**), **y** as a vowel (sk**y**), digraphs of **h** (**ch**ips), two vowels in a word (m**ea**t), long words, words with suffixes (**-tion**), words with prefixes (**ac-**), and just stick with the order of words listed in this book.

Before the next lesson, explain the following notes to students:

- Dots inside words indicate a division of a word into syllables (win·dow).
- A syllable is a part of a word that contains one vowel sound (con·tin·ue).
- A stressed syllable in a word is the one that is said with more stress (a´·ble).
- Long vowels' symbols are: ā, ē, ī, ō, ū.
- Short vowels' symbols are: ă, ĕ, ĭ, ŏ, ŭ.
- Long ā sounds like the Name of the letter A as in r**ai**n.
- Long ē sounds like the Name of the letter E as in m**ea**t.
- Long ī sounds like the Name of the letter I as in t**ie**.
- Long ō sounds like the Name of the letter O as in b**oa**t.
- Long ū sounds like the Name of the letter U as in contin**ue**.

التعرف على حروف العلة الطويلة
القاعدة الأولى لتهجي صوت حرف العلة الطويل

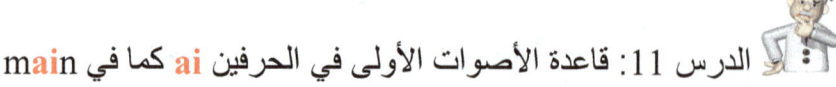

الدرس 11: قاعدة الأصوات الأولى في الحرفين **ai** كما في m**ai**n

First Phonics' Rule: When two vowels are walking, the first one does the talking.

▸ This means that as in "r**a***i*n", when the two vowels "**a**" and "**i**" are next to each other (walking) in a stressed syllable, the first one "a" does the talking by saying its letter name A and the second one "*i*" is silent. Vowels help each other, and the silent "i" is there to helps the "a" say its name A. Remember that vowels are a, e, i, o, and u:

◂ قاعدة الأصوات الأولى: عندما يتجاور حرفا علة في مقطع، ينطق الأول اسم الحرف، ويكون الثاني صامتا. أي حين يتجاور حرفا العلة (**a***i*) كما في m**a***i*n، ينطق الأول وهو **a** اسم الحرف A ويكون الثاني وهو (***i***) صامتا. ويسمى صوت **a** بالصوت الطويل لأن له صوت اسم الحرف A نفسه. وحرف ***i*** الصامت يساعد **a** في (مَـيْن) m**a***i*n على أن يحتفظ باسمه A أي باسم الحرف A كما في:

a*i*→ā

مَيْن - رئيسي m**a***i*n	پَـيْن - ألم p**a***i*n	لَـيْن - مُمَدَد l**a***i*n	پْلَـيْن - عادي pl**a***i*n
مطر r**a***i*n	دماغ br**a***i*n	مغرور v**a***i*n	بقعة st**a***i*n
يرسل بالبريد m**a***i*l	يبخر s**a***i*l	سطل p**a***i*l	يفشل f**a***i*l
صقيع مع المطر h**a***i*l	ذَيل الحيوان t**a***i*l	مسمار n**a***i*l	طُعْم b**a***i*t
انتظر w**a***i*t	خادمة m**a***i*d	هجمة r**a***i*d	يظفر الشَعر br**a***i*d
يساعِد **a***i*d	يهدف **a***i*m	يرسم/ صبغ p**a***i*nt	يغمى عليه f**a***i*nt

◄ أما الصوت القصير لحرف العلة a فهو صوت مُميز ولا يشبه صوت اسم الحرف A، وهو مثل صوت المدَّة العربية كما في كلمة (آت at). في العربية، لا نحترم حروف العلة ونسميها حروف علة (حروف مرض)، لذا لا نقف عندها لنلفظها بإصرار، وعيوننا ترحل بسرعة لرؤية الحرف الصحيح المحترم أكثر لأنه صحيح وليس علة. وهكذا يقفز نظرنا بسرعة للحرف الصحيح ونلفظه بإصرار. أما في الإنكليزية، فالحالة كلها معكوسة تماما، إذ حين يقرأ متكلمي الإنكليزية نظرهم مشدود على حروف العلة ولا يرون إلا جزءا خفيفا من الحرف الصحيح الذي هو غير مهم بالنسبة لهم، وهم يعرفون أن حرف العلة هو أساس اللغة وهو الذي يتحكم باللغة وبتغيرات الأصوات وتهجيها في اللغة. علينا أن نتعود على احترام حرف العلة الإنكليزي، وخذ وقتا طويلا حين تقوله، بحيث حين تقول الحرف الصحيح الذي بعده يكون نفسك قد تضاءل وكذلك يتضاءل صوت الحرف الصحيح. مثلا، قول (مـــــــان man) ولا تقول (مان man).

قارن بين الصوت الطويل والصوت القصير لحرف العلة A:

Long ā	Short ă	Long ā	Short ă
مَيْن - رئيسي main	مـــان - رَجُل man	پَـيْن - ألَم pain	پـــان – مقلاة pan
وْرَيْن - مَطر rain	وْران - رَكَضَ ran	بْ وْرَيْن – دماغ brain	بْ وْران – نخالة bran
ڤَيْن - مغرور vain	ڤـان - شاحِنة van	پْلَـيْن - عادي plain	پْـلان - خُطّة plan
مَـيْد - خادمة maid	مـــاد - غضبان mad	بْ وْرَيْد - ضفيرة braid	بْ وْراد Brad
پَـيْد - دفعَ الثمن paid	پـــاد - كَشِن pad	أيْم - هَدَف/ يهدف aim	آم - أنا ذا am
بَـيْت - طُعُم bait	بـــات - مِضربة bat	پَـيْل - سَطل pail	پـــال - الصاحِب pal

الدرس 12: قاعدة الأصوات الأولى في الحرفين **ea** كما في m**ea**t

▸ As in "m**e*a***t", when the two vowels "**e**" and "**a**" are walking in a stressed syllable, the first one "e" does the talking by saying its letter name E, and the second one "*a*" is silent:

◂ عندما يتجاور حرفا علة في مقطع، ينطق الأول اسم الحرف ويكون الثاني صامتا. أي عندما يتجاور حرفا العلة (**e*a***) في m**e*a***t، ينطق الأول وهو (e) اسم الحرف E ويكون الثاني وهو (*a*) صامتا. وصوت (e) المتبوع بـ (*a*) كما في me*a*t هو صوت طويل، ويسمى طويل لأن له صوت اسم الحرف E نفسه. وحرف (*a*) الصامت يضحي ويبقى صامت ليساعد (e) في me*a*t على أن يحتفظ باسمه E أي باسم الحرف E كما في:

e*a* → ē

إييت - يأكل	مييت ـلحم	سييت - مقعد	نييت - أنيق
e*a*t	**me*a*t**	**se*a*t**	**ne*a*t**
حرارة	مفخرة	خرزة	يقود
he*a*t	**fe*a*t**	**be*a*d**	**le*a*d**
برغوث	فاصوليا	يعني	عميد جامعة
fle*a*	**be*a*n**	**me*a*n**	**de*a*n**
يختم	يشفي	يحلم	فريق
se*a*l	**he*a*l**	**dre*a*m**	**te*a*m**
شاي	بحر	ضعيف	يسمع
te*a*	**se*a***	**we*a*k**	**he*a*r**

◂ أما الصوت القصير لحرف العلة **e** فهو صوت مُميز ولا يشبه صوت اسم الحرف E وهو مثل صوت الفتحة العربية كما في كلمة (مَت met). قارن بين الصوت الطويل والصوت القصير لحرف العلة E:

Long ē	Short ĕ	Long ē	Short ĕ
مييت - لحم	مَت - التقى	سييت - مَقعد	سَت - طقم
me*a*t	**met**	**se*a*t**	**set**

نييت - مُرَتب	نَت - شبكة	مييِن - يعني	مَن - رجال
neat	**net**	**mean**	**men**
هييل - يشفي	هَل - جحيم	سييل - يغلق ثم يختم	سَل - يبيع
heal	**hell**	**seal**	**sell**
بييد - خرزة	بَد - سرير	وْرييد - يقرأ	وْرَد - أحمر
bead	**bed**	**read**	**red**
لييد - يقود	لَد - قادَ	بييسْت - وحش	بَسْت - الأحسن
lead	**led**	**beast**	**best**

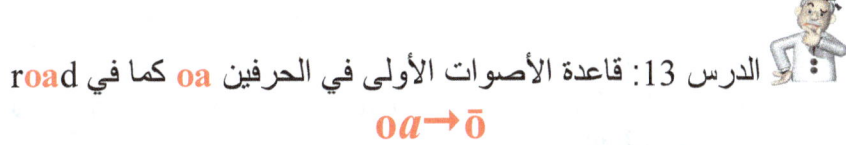

الدرس 13: قاعدة الأصوات الأولى في الحرفين oa كما في road

oa→ō

As in "road", when the two vowels "o" and "a" are walking in a stressed syllable, the first one "o" does the talking by saying its letter name O and the second one "*a*" is silent:

◄ عندما يتجاور حرفا علة في مقطع، ينطق الأول اسم الحرف ويكون الثاني صامتا. أي عندما يتجاور حرفا العلة (oa) في road، ينطق الأول وهو (o) اسم الحرف O ويكون الثاني وهو (*a*) صامتا. وصوت (o) المتبوع بـ (*a*) كما في road هو صوت طويل، ويسمى طويل لأن له صوت اسم الحرف O نفسه. وحرف (*a*) الصامت يساعد (o) في road على أن يحتفظ باسم الحرف O كما في:

بوت - قارب	عوت - شوفان	فْلوت - يطفو	وْرود - طريق
boat	**oat**	**float**	**road**
ذكر الضفدع	يُحمّل	يقرض	جــون
toad	**load**	**loan**	**Joan**
رغوة	صابون	يُنقع	خبز مشوي
foam	**soap**	**soak**	**toast**
لحم مشوي	تفاخر	رغيف	يرتفع
roast	**boast**	**loaf**	**soar**

◂ أما الصوت القصير لحرف العلة o فهو صوت مُميز ولا يشبه اسم الحرف O وهو يعادل صوت الألف المقصورة العربية كما في (هــىت hot). قارن بين الصوت الطويل والصوت القصير لحرف العلة O:

Long ō	Short ŏ	Long ō	Short ŏ
تـود - ضفدع **toad**	تـــىد **Todd**	وْرود - طريق **road**	وْرىد - قضيب الستائر **rod**
توسْت - رغيف **toast**	تىس - يرمي عشوائيا **toss**		

الدرس 14: قاعدة الأصوات الأولى في الحرفين ie كما في tie

▸ As in "tie", when the two vowels "**i**" and "**e**" are walking in a stressed syllable, the first one "**i**" does the talking by saying its letter name **I** and the second one "*e*" is silent:

◂ عندما يتجاور حرفا علة في مقطع، ينطق الأول اسم الحرف ويكون الثاني صامتا. أي عندما يتجاور حرفا العلة (ie) في (تاي) tie، ينطق الأول وهو (i) اسم الحرف I ويكون الثاني وهو (*e*) صامتا. وصوت (i) المتبوع بـ (*e*) كما في tie هو صوت طويل، ويسمى طويل لأن له صوت اسم الحرف I نفسه. وحرف (*e*) الصامت يساعد (i) في (تـــاي tie) على أن يحتفظ باسمه I كما في:

ie→ī

تـــاي - يربط **tie**	تايْد - مربوط **tied**	داي - يموت **die**	دايْد - ماتَ **died**
يكذب **lie**	كذَبَ **lied**	فطيرة **pie**	فطائر **pies**

◂ أما الصوت القصير لحرف العلة i فهو صوت مُميز ولا يشبه اسم الحرف I وهو يعادل صوت الكسرة العربية كما في (سِت sit).

الدرس 15: قاعدة الأصوات الأولى في الحرفين **ue** كما في bl**ue**

▸ As in "bl**ue**", when the two vowels "**u**" and "**e**" are walking in a stressed syllable, the first one "u" does the talking by saying its letter name U and the second one "*e*" is silent. Learners must read aloud slowly, and focus their eyes on the vowels, not the consonants:

◂ عندما يتجاور حرفا علة في مقطع، ينطق الأول اسم الحرف ويكون الثاني صامتا. أي عندما يتجاور حرفا العلة (**ue**) في (بْلــوو bl**ue**)، ينطق الأول وهو (u) اسم الحرف U ويكون الثاني وهو (*e*) صامتا. وصوت (u) المتبوع بـ (*e*) كما في blu*e* هو صوت طويل، ويسمى طويل لأن له صوت اسم الحرف U نفسه. وحرف (*e*) الصامت يساعد (u) في (بْلوو blu*e*) على أن يحتفظ باسمه U، ونسمي صوت (u) هذا الذي يلفظ اسمه U، بالصوت الطويل لـحرف U:

ue→ū

بْلــوو - أزرق	فْلـــوو - مَدْخَنَة	دوو - حق مُستحق	تْـرُووو - حقيقة
bl**ue**	fl**ue**	d**ue**	tr**ue**
يشتكي قانونيا	تدرج ألوان		
s**ue**	h**ue**		

◂ أما الصوت القصير لحرف العلة **u** فهو صوت متميز ولا يشبه صوت اسم الحرف U وهو أقرب إلى صوت الهمزة العربية زائدا فتحة كما في (ءَس **u**s).

القاعدة الثانية لتهجي صوت حرف العلة الطويل

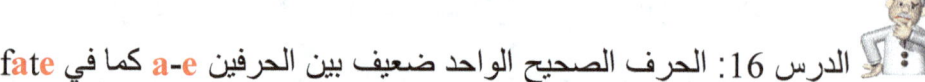

الدرس 16: الحرف الصحيح الواحد ضعيف بين الحرفين a-e كما في fate

▸ As in "fat*e*", the two vowels "a-*e*" can still help one another when there is only one consonant like the "t" between them. The first vowel "a" does the talking, while the second vowel "*e*" is silent. This explains why consonants double as in (fat→fatter→fattest); it is because one consonant "t" between two vowels is too weak to keep the two vowels from walking together.

◂ قارن بين hat و hat*e*. فكما في (هَـيْت hat*e*)، صوت (a) الذي يتبعه حرف صحيح واحد كالـ (t) ثم (*e*) صامت يكون له صوت اسم الحرف A نفسه. وحرف (*e*) الصامت في آخر كلمة (هَـيت hat*e*) يساعد (a) على أن يحتفظ بصوت اسمه A، وهو يخترق الحرف الصحيح الواحد الضعيف ويساعد صديقه حرف العلة ليبقى صوت طويل. وهكذا تستمر حروف العلة بمساعدة بعضها بعضا. ونسمي صوت (a) هذا الذي يلفظ اسمه A بالصوت الطويل لـحرف A كما في:

a-*e*→ā

هَـيْت - يمقت	فَـيْت - مصير	وْرَيْت - معدل الكلفة	مَـيْت - النصف الآخر
hat*e*	fat*e*	rat*e*	mat*e*
أكلَ	قد بهتَ لونه	شريط	نفس الـ
at*e*	fad*e*	tap*e*	sam*e*
طائرة	شاحب	ذِكَرْ	شراب نوع من الجعة
plan*e*	pal*e*	mal*e*	al*e*
صنعَ	جَـيْك	يصنع	يأخذ
mad*e*	Jak*e*	mak*e*	tak*e*
لَـيْك - بحيرة	ينقذ/ يُوفر	موجه	دَيْف
lak*e*	sav*e*	wav*e*	Dav*e*

◄ أما الصوت القصير لحرف العلة a فهو صوت مُميز ولا يشبه اسم الحرف A وهو يعادل صوت المَدَّة العربية كما في (هــات hat). لاحظ أن صوت a القصير يدعى قصيرا لأن صوته لا يشبه اسم الحرف A، وليس لان فترة تلفظه قصيرة. قارن بين الصوت الطويل والصوت القصير لحرف العلة A:

Long ā	Short ă	Long ā	Short ă
فَـيْت - مَصير fate	فـات - سمين fat	هَـيْت - يكره hate	هـات - قبعة hat
وْرَيْت - كلفة الأجر rate	وْرات - فأر rat	مَـيْت - النصف الآخر mate	مـات - مَدوَسة mat
أيْت - أكلَ ate	آت - في حالة at	فَـيْد - خف لونه fade	فـاد - مودة مؤقتة fad
تَـيْپ - شريط مُسّجل tape	تـاپ - حنفية tap	سَيْم - نفس الـ same	سـام Sam
مَـيْل - ذكَر male	مـال - نقص/ سوء mal	پْلَـيْن – طائرة plane	پْلان - خطة/ يخطط plan
مَيْد - صَنعَ made	ماد - غضبان mad	پَـيْل – شاحب pale	پـال - صديق pal

English Phonics for Arabic Speakers

الدرس 17: الحرف الصحيح الواحد ضعيف بين الحرفين o-e كما في note

▶ Compare "hop" with "hope". As in "hope", the silent "e" can reach through the one "p" and help the "o" to sound like the name of the letter O, and the reason is that one consonant "p" between the two vowels (o-e) is too weak to keep the two vowels from walking together and helping each other:

▶ قارن بين not و note. إن صوت (o) المتبوع بحرف صحيح ثم بحرف (e) صامت كما في (نوت note) هو صوت اسم الحرف O نفسه. وأن حرف (e) الصامت في آخر الكلمة يساعد (o) على أن يحتفظ باسمه O، ويدعى صوت (o) هذا الذي يلفظ اسمه O بالصوت الطويل لحرف O:

$$o\text{-}e \rightarrow \bar{o}$$

ورموت - بعيد	قوت - يُصوِّت	دوت - يخرف	نوت - مُلاحظة
re·mote	vote	dote	note

قصيدة	عباءة	يتباكى	أمل
ode	robe	mope	hope

منفرد	صدقة	حجر	عَظمْ
sole	dole	stone	bone

نكتة	مُنحَدَر	بابا الكاثوليك	ثُقب
joke	slope	pope	hole

أما الصوت القصير لحرف العلة o فهو صوت مُميز ولا يشبه اسم الحرف O ويعادل صوت الألف المقصورة العربية كما في (هــت hot). ⚫ قارن بين الصوت الطويل والصوت القصير لحرف العلة O:

Short ŏ	Long ō	Short ŏ	Long ō
نــت - ليس	نوت - ملاحظة	وْرَيب - سرقَ	وْروب - روب
not	note	rob	robe
دت - النقطة	دوت - يصاب بالخرف	ىد - غريب الأطوار	ءود - قصيدة
dot	dote	odd	ode
پپ - يفرقع	پوپ - البابا	مى - ممسحة	موپ - يتباكى
pop	pope	mop	mope
سْلپ - فضلات الطعام	سْلوپ - مُنحَدَر	هپ - يقفز كالأرنب	هــوپ - يتأمل
slop	slope	hop	hope

38

الدرس 18: الحرف الصحيح الواحد ضعيف بين الحرفين i-e كما في bite

▸ Compare "bit" with "bite". As in "bite", the silent "*e*" can reach through the one "t" and help the "i" sound like the name of the letter I, and the reason is that one consonant "t" between the two vowels (i-*e*) is too weak to keep the two vowels from walking together:

◂ قارن بين bit و bit*e*. إن صوت (i) المتبوع بحرف صحيح ثم بحرف (*e*) صامت كما في (بايْ ت bit*e*) هو صوت اسم الحرف I نفسه. وأن حرف (*e*) الصامت في آخر الكلمة يساعد (i) على أن يحتفظ باسمه I، ونسمي صوت (i) هذا -الذي يلفظ اسمه I- بالصوت الطويل لـحرف I:

i-*e*→ī

بـايْت - يعض	كـايْت - طائرة ورقية	سايْت - موقع	سْپـايْت - نكاية
bit*e*	kit*e*	sit*e*	spit*e*
يلتزم	يختبأ	جانب	يركب
bid*e*	hid*e*	sid*e*	rid*e*
عشر سنتات	وقت	صقيع	وحل
dim*e*	tim*e*	rim*e*	slim*e*
يتعشى	جيد جداً	عائد لي	خط
din*e*	fin*e*	min*e*	lin*e*
دراجة	يرغب	مـايْك	يمشي للرياضة
bik*e*	lik*e*	Mik*e*	hik*e*

◂ أما الصوت القصير لحرف العلة i فهو صوت مُميز ولا يشبه اسم الحرف I وهو يعادل صوت الكسرة العربية كما في (بِت bit). قارن بين الصوت الطويل والصوت القصير لحرف العلة I:

Long ī	Short ĭ	Long ī	Short ĭ
بـايْت - يعض	بِت - عَضَ	بـايْد - يلتزم البقاء	بِد - راهنَ
bit*e*	bit	bid*e*	bid
هـايْد - يُخبئ	هِد - خبأ	كـايْت - طائرة ورقية	كِت - عِدّة
hid*e*	hid	kit*e*	kit

ساَيْت - موقع	سِت - يجلس/ اجلِس	داَيْم - عشرة سنت	دِم - خافت الإضاءة
site	sit	dime	dim
تــاَيْم - وقت	تِم	وْراَيْم – جليد	وْرِم - حافة العجلة
time	Tim	rime	rim
سْلاَيْم - مادة الوحل	سْلِم - رفيع/ ليس سمين		
slime	slim		

الدرس 19: الحرف الصحيح الواحد ضعيف بين الحرفين u-e كما في tube

▸ Compare "tub" with "tube". As in "tube", the silent "*e*" can reach through the one "b" and help the "u" sound like the name of the letter U, and the reason is that one consonant "b" between the two vowels (u-*e*) is too weak to keep the two vowels from walking together:

◂ قارن بين tub و tube. إن صوت (u) المتبوع بحرف صحيح ثم بحرف (*e*) صامت كما في (تـووب tube) هو صوت اسم الحرف U نفسه. وأن حرف (*e*) الصامت في آخر الكلمة يساعد (u) على أن يحتفظ باسمه U، ويدعى صوت (u) هذا الذي يلفظ اسمه U بالصوت الطويل لـحرف U:

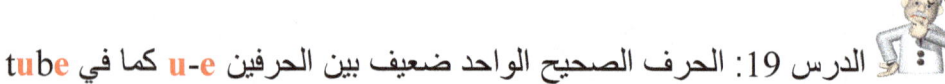

u-*e*→ū

تـووب - انبوب	مْيووت - صامت	جْووت - نبات الجوت	فْلـووت - الناي
tube	mute	jute	flute
بَغل	قاعدة/ قانون	دخان	عِطرْ
mule	rule	fume	per·fume
ضخم	ملجأ	هدنة	يقلل
huge	re·fuge	truce	re·duce

◂ أما الصـوت القصير لحـرف العلة u فهو صوت مُميز ولا يشبه اسم الحرف U وهو يعادل صوت الهمزة العربية زائدا فتحة كما في (ءَس us). قارن بين الصوت الطويل والصوت القصير لحرف العلة U:

Long ū	Short ŭ	Long ū	Short ŭ
تـووب - أنبوب	تـءَب – حوض	مْيووت – صامت	مـءَت - كلب هجين
tube	tub	mute	mutt

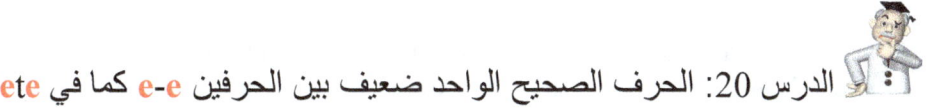

الدرس 20: الحرف الصحيح الواحد ضعيف بين الحرفين e-e كما في Pete

▸ Compare “pet” with “Pet*e*”. As in “Pet*e*”, the silent “*e*” can reach through the one “t” and help the first “e” sound like the name of the letter E, and the reason is that one consonant “t” between the two vowels (e-*e*) is too weak to keep the two vowels from walking together:

◂ قارن بين pet و Pet*e*. إن صوت (e) المتبوع بحرف صحيح ثم بحرف (*e*) صامت كما في (پيي ت) Pet*e* هو صوت اسم الحرف E نفسه. وأن حرف (*e*) الصامت في آخر الكلمة يساعد أول (e) على أن يحتفظ باسمه E، ونسمي صوت (e) هذا -الذي يلفظ اسمه E- بالصوت الطويل لـحرف E:

e-*e*→ē

پيي ت	لَبَنيي س - لبناني	هيي ؤر - هنا	ميي ؤر - مُجرد
Pet*e*	Le·ba·nes*e*	her*e*	mer*e*
مُخلص	جين	يتراجع للخلف	إيي ف
sin·cer*e*	gen*e*	re·ced*e*	Ev*e*
سْتيي ف			
Stev*e*			

◂ أما الصوت القصير لحرف العلة e فهو صوت مُميز ولا يشبه اسم الحرف E وهو يعادل صوت الفتحة العربية كما في (لَت let). قارن بين الصوت الطويل والصوت القصير لحرف العلة E:

Long ē	Short ĕ	Long ē	Short ĕ
پيي ت - بيتَر	پَت - حيوان مدلل	هيي ؤر – هُنا	هِ ؤر - هِيَ للمفعول/ ها
Pet*e*	pet	her*e*	he*r*

Continue to avoid teaching any words that contain hard **c**, hard **g**, **qu**, **s** like **z** (ha**s**), **y** as a vowel (sk**y**), digraphs (enou**gh**), other two vowels in a word (b**oo**k), any long words, words with suffixes (**-tion**), words with prefixes (**un-**), and just stick with the order of words listed in this book.

Chapter Three: الفصل الثالث

Some Inconsistent Consonants
Y, H, C, G, Q, X, S, Ve, Ac-

التغيرات التي تطرأ على بعض الحروف الصحيحة

الدرس 21: عندما يتحول الحرف الصحيح Y إلى حرف علة وينتج منه خمسة أصوات 44

الدرس 22: 11 صوتا ناتجا عن التصاق أحد الحروف بالحرف H كما في ship 47

الدرس 23: قواعد جديدة وتمارين مُسهبة عن الصوتين الناعس والصلب للحرف C 50

الدرس 24: قواعد جديدة وتمارين مُسهبة عن الصوتين الناعس والصلب للحرف G 56

الدرس 25: قواعد جديدة وتمارين مُسهبة عن تحول صوت S لصوت Z كما في (is) و(rose) 60

الدرس 26: قواعد وتمارين عن صوت qu الذي هو مثل صوت kw كما في queen 62

الدرس 27: قواعد وتمارين عن صوت x الذي هو مثل صوت ks كما في six 64

الدرس 28: هل نضيف s (cats) أم es (glasses) في آخر الكلمات؟ 66

الدرس 29: قاعدة كل v يجب أن يتبعه e صامت في آخر الكلمات 68

الدرس 30: حفظ البادئة -ac في أول الكلمة والتي تعني إلى أو إلى الأمام 68

الدرس 21: عندما يتحول الحرف الصحيح y إلى حرف علة وينتج منه خمسة أصوات

1. The "y" as the long vowel I (my)

▸ As in "yes", the "y" at the beginning of words is a consonant, and it changes to a long vowel when it falls at the end of a word or at the end of a syllable. The "y" sounds like the long vowel ī at the end of short words, mainly one-syllable words:

◂ كما في (مــــاي my)، صوت (y) ينقلب إلى حرف علة في نهاية الكلمات القصيرة–ذات المقطع الواحد– ويصبح صوته صوت I الطويل نفسه:

y→ē

ماي - مالي/ لي	سْكاي - سماء	تـْ وْراي - يحاول	باي - بجانب
my	sky	try	by
ماكر	يجفف	يقلي	مقلاة
sly	dry	fry	fry·er
يتطفل متجسسا	طية	جاسوس	يشتري
pry	ply	spy	b*u*y

2. The "y" as a long E (happy)

The "y" sounds like the long vowel ē when it falls at the end of long words:

◂ كما في hap·py، صوت (y) ينقلب إلى حرف علة في آخر الكلمات الطويلة–ذات المقطعين أو أكثر–وهو صوت E الطويل نفسه:

y→ē

سِديي - مدينة	پـاوْريي - حفلة/ حزب	هاپيي - سعيد	ونْديي - عاصف
cit·y	par·*t*y	ha*p*·py	wind·y
صعب إرضاءه	مضحك	راقي	من المحزن
fuss·y	fu*n*·ny	fan·cy	sad·ly
برداءة	يتزوج	فارغ	تاريخ
bad·ly	ma*r*·ry	em*p*·ty	his·to·ry

3. The "ay" as a long ā (day)
The "ay" sounds like the long vowel A as in "day" and as in these words:

◄ اقرأ الحرفين (ay) سوية مثل حرف العلة (أيْ) A، كما في (دَيْ day) وكما في نهاية هذه الكلمات:

ay→ā

دَي - يوم **day**	وْرَي - شعاع **ray**	وْرَي **Ray**	پْـوْرَي - يُصلي **pray**
صينية **tray**	طريقة **way**	يمدد **lay**	يلعب **play**
يدفع **pay**	قُل **say**	يبقى **stay**	موافقة **o·kay**
ربما **may**	اليوم **to·day**	جَـي **Jay**	خليج **bay**

4. The "oy" as a long ōy (boy)
The "oy" as in "boy" sounds like an "oi" as in "boil", but the "oi" occurs inside words:

◄ اقرأ الحرفين (oy) مثل (ءوي oy) كما في (بـوي boy) وكما في نهاية هذه الكلمات التي تنتهي بـ oy:

oy→ōy

بـوي - وَلَدْ **boy**	تـوي - لُعبة **toy**	جوي - متعة **joy**
يتمتع **en·joy**	يستخدم **em·ploy**	توظيف **em·ploy·ment**

Compare these words: قارن

Long ī	Long ā	Long ī	Long ā
مـاي - ي **my**	مَـي - ربما **may**	پْـوْراي - يتجسس **pry**	پْـوْرَي - يُصلي **pray**
پْـلاي - طيّة **ply**	پْـلَي - يلعب **play**	فْـوْراي - يقلي **fry**	فْـوْرَي - شِجار **fray**
وْرِپْـلاي - يجاوب **re·ply**	وْرِپْلَي - يعيد عزف **re·play**	سْلاي - ماكر **sly**	سْلَي - يذبح **slay**

English Phonics for Arabic Speakers

5. The "y" as a short ĭ (gym)
The "y" sounds like the short vowel ĭ when in the middle of a stressed syllable.

◄ اقرأ (y) مثل صوت ĭ القصير، أي مثل صوت الكسرة العربية حين يكون في مقطع مشدد في وسط الكلمة أو وسط المقطع:

y→ĭ

جِم - نادي للرياضة	لِن	سِسْت - كيس نامي بالجسم	هِم - ترتيل
g**y**m	L**y**nn	c**y**st	h**y**mn

Continue to **avoid** teaching any words that contain hard c, hard g, qu, s like z (has), digraphs (enough), other two vowels in a word (book), any long words, words with suffixes (-tion), words with prefixes (un-), and just stick with the order of words listed in this book.

Phonics: As in the "**sh**" in "**sh**ip", the "**tion**" in "na**tion**," and the "**au**" in "**au**ction", a phonic is a single sound produced by a combination of two or more letters. Each phonic acts like an additional letter that can be added to the English alphabet.

الدرس 22: 11 صوتا ناتجا عن التصاق أحد الحروف بالحرف H كما في ship

The 11 digraphs of H

ship, this, think, each, school, chef, photo, who, when, right, enough

The following sounds we call phonics are produced by specific letters sticking to the letter "h" to produce a single new sound like the "sh" sound in "ship"; the sound of "sh" does not exist in the English alphabet as an independent letter. These 11 new sounds produced by the "h" with other letters are called, "digraphs" of "h":

تلجأ الإنكليزية للحرف h لتمثيل أصوات ليس لها وجود بالحروف الإنكليزية. مثلا، الـ (s) هو حرف والـ (h) هو أيضا حرف لكن لا يوجد حرف واحد ليمثل صوت (ش) بالإنكليزية، لذلك يُمثل صوت (ش) في الحرفين (sh) كما في ship. وهذه هنا هي كافة الأصوات الناتجة عن اندماج أحد الحروف مع h لإنتاج صوتا جديدا: ◄ اقرأ هذه الكلمات شفويا وان كنت في الصف، فليقرأ كافة طلبة الصف سوية وبصوت عال:

s+h→sh ش

شِـپ - سفينة ship	شِفْت - تغيير shift	شـيپ - بقالية shop	شـيت - حقنة shot
صَدَفة shell	قميص shirt	حوت shark	يغلق shut
سمك fish	يغسل wash	يهرس mash	رماد ash
طفح جلدي rash	يسرع rush	نَظِر fresh	مارشال mar·shal
منفضة سكائر ash·tray	يستنكف a·shamed		

t+h→th ذ

ذِس - هذا this	ذات - هذاك that	ذَ - الـ the	فاذَ وْر - أب fa·ther
أم moth·er	آخَر oth·er		

t+h→th ث

باث - حمّام	بِرْث - ولادة	ثِنْك - يفكر	ثْ وْرىب - يخفق
ba**th**	bir**th**	**th**ink	**th**rob
إبهام	رَعد		
thum*b*	**th**un·der		

c+h→ch چ

چن - ذقن	چِپْس - رقاق	چـىپ - يَفرم ناعما	چـاْت - دردشة
chin	**ch**ips	**ch**op	**ch**at
شطرنج	كثير	قصاب	هتافات
chess	mu**ch**	bu*t***ch**·er	**ch**eers

c+h→sh ك

سْكوول - مدرسة	كْ وْرِس	أيْك - ألَم	تَك - تقنية
s**ch**ool	**Ch**ris	a**ch***e*	te**ch**-
مُخطَط			
s**ch**em*e*			

c+h→ch ش

شَف - طباخ	مَشيين - مكنة	پَيرَشوت	مَسْتاش - شوارب
chef	ma·**ch**in*e*	par·a·**ch**ut*e*	mus·ta**ch***e*
شالَي	ماي كْروفِش		
cha·le*t*	mi·cro·fi**ch***e*		

p+h→ph ف

تَلَفون - هاتف	فـىمَسي - صيدلية	فوتو گـ وْراف - صورة
tel·e·**ph**on*e*	**ph**ar·ma·cy	**ph**o·to·gra**ph**

w+h→wh هـ

مَن	أياً كان	مَن كمفعول به
who	who·ever	whom
مَن للتملك	كُل	بيع بالجملة
whose	whole	whole·sale

w+h→wh هْو

هْوَن - متى/ عندما	في أي وقت كان	واي - لماذا	هْوَت - ماذا
when	when·ever	why	what
وَيـ وْر - أينَ	هْوَذ - فيما إذا لو		
where	wheth·er		

g+h→gh ف

إنَف - كافٍ	تـَءَف - قاسي	وْرَف - خشن
e·nough	tough	rough

gh→gh صامتان

هاي - عالي	هايَـ - أعلى	هايَ سْت - أعلى الكل	هايْلي - بدرجة عالية
high	high·er	high·est	high·ly
الطريق السريع	إبراز الشيء المهم	فخذ	تنهُد
high·way	high·light	thigh	sigh
ضوء	صحيح	لامع	ليل
light	right	bright	night
فارس	بَصَر	ضيق	
knight	sight	tight	

Continue to avoid teaching any words that contain hard c, hard g, qu, s like z (is), some two vowels in a word (suit), most long words, words with suffixes (-tion), words with prefixes (ac-).

الدرس 23: قواعد جديدة وتمارين مُسهبة عن الصوتين الناعس والصلب للحرف C

The soft "c" sounds like the name of the letter "c" as in "city", but the hard "c" sounds like the "k" as in "cat." The "c" is soft when followed by e, i, or y. However, the "c" is hard like a "k" when followed by a, o, u, a consonant, and when it is not followed by anything as in "fantastic."

الصوت الناعس للحرف C

◄ اقرأ (c) مثل اسم الحرف C وهو الصوت الناعس لـ (c) وذلك عندما يتبع (c) الحروف e, i, y كما في:

ce→س

سَل - خلية cell	سَنْت - قرش أمريكي cent	فَـيْس - وجه face	أَيْس - ألواحد بورق اللعب ace
رُز rice	سعر price	ثلج ice	منذ since
رخصة li·cense			

ci→س

سِدي - مدينة ci·ty	سِنَما - سينما cin·e·ma	سوساىَدي - مجتمع so·ci·e·ty	دِسايْد - يقرر de·cide
الصيدلي phar·ma·cist	مواطن cit·i·zen	مواطنة cit·i·zen·ship	

cy→س

فـىمَسي - صيدلية phar·ma·cy	مِـ وْرْسي - رَحمة mer·cy	فانْسي - راقي fan·cy	نانْسيي Nan·cy
سْتَـيْ سيي Sta·cy	نهج pol·i·cy	معرفة القراءة والكتابة lit·er·a·cy	نمو لحمي cyst
قبرص Cy·prus	سِنْثِيا/ قمر Cyn·thi·a	إنْتِرْنَت cy·ber	سرور cy·press

Chapter Three

الصوت الصلب للحرف C

ca, co, cu, cl, cr, ct, ch, ac, ec, ic, oc, uc

▸ The letter "k" is limited in its use, and it is not allowed in long words; thus, we need the hard "c" to represent the sound of "k" in long words and in most words. Read the "c" like "k" when followed by a, o, u, or by a consonant, and when not followed by anything as in "magic." In addition, read the "c" like "k" when preceded by a vowel in the same syllable as the "ac" in accident, "ec" in deck, "ic" in sick, "oc" in occur, and "uc" in luck, and as in the following examples:

◂ إن استعمال حرف الـ (k) محدود للغاية، فهو في حوالي 50 كلمة مفيدة باللغة الإنجليزية، ولا يُسمح لحرف (k) أن يكون في كلمات طويلة، لذلك لجأت الإنجليزية للحرف (c) الصلب لتمثيل صوت (k) في الكلمات الطويلة، وهو أيضا في معظم الكلمات. اقرأ c مثل k (الصوت الصلب لـ c) وذلك عندما تتبعه ثلاثة حروف علة هي a, o, u, وأيضا عندما يتبعه حرف صحيح (**cl**ean, **cr**y, fa**ct**, s**ch**ool, bla**ck**)، وأيضا وحين يسبقه حرف علة في نفس المقطع (plas·tic)، وكما في هذه الأمثلة:

ca→كـ

كات - قطة **ca**t	كى - سيارة **ca**r	كىوْرْت - عربة التسوق **ca**rt	كىوْرْد - بطاقة **ca**rd
يستطيع **ca**n	كيك **ca**k*e*	مهنة **ca**·reer	تكسي **ca**b
آلة تصوير **ca**m·er·a	حلوى **ca**n·dy	أكاديمية a·**ca**d·e·my	سحري mag·i·**ca**l
قشرة الجرح الجافة s**ca**b	المسح s**ca**n	فضيحة s**ca**n·dal	

co→كـ

كـىپ - شرطي **co**p	كوپ- يتعايش مع مشكلة **co**p*e*	كـىت - سرير متنقل **co**t	كىتِن - قطن **co***t*·ton
بقرة **co**w	بارد **co**ld	صميم **co**r*e*	حرف صحيح **co**n·so·nant

cu→كـ

كـءَت - يقطع **cu**t	كْيووت - محبوب **cu**t*e*	كَفْس - الأصفاد **cu**ffs	كـءَسْتَ وْرْد **cu**s·tard
سيرْك cir·**cu**s	جماعة دينية **cu**lt	بقايا دِهنية s**cu**m	كوب **cu**p

cl→ كْلـ

لا وجود لـ kl في الإنكليزية

كْلِـپ - ماسك الورق clip	كْلاپ - يصفق clap	كْلاس - صف/ طبقة class	كْلـءَب - نادي club
مُنحدَر cliff	يتأقلم ac·cli·mate	نظيف clean	يدّعي claim
يمدح ac·claim	يعلن pro·claim	واضح clear	كِليشة cli·ché
هبوط de·cline	يميل in·cline	كرسي يعلو ويهبط re·clin·er	النسخة clone
يستنتج con·clude	يشمل in·clude	شمَلَ in·clud·ed	يستثني ex·clude

cr→ كْـ وْرْ

لا وجود لـ kr في الإنكليزية

كْـ وْرافْت - حرفة craft	كْـ وْرب - مهد الطفل crib	كْـ وْرءَسْت - قشرة crust	كْـ ورى ص - يَعبر cross
قشطة/ مُرطب للجسم cream	شاشة screen	يحرك سهم الحاسوب scroll	يبكي cry
يجلي scrub	خرسانة كونكريت con·crete	يصف de·scribe	بهلوان ac·ro·bat

ct→ كْتـ

لا وجود لـ kt في الإنكليزية

آكْت - يمثل act	وْريي آكْت - يردّ الفعل re·act	فاكْت - حقيقة fact	آكْتـَ - ممثل ac·tor
يتصل con·tact	يتمرن prac·tice	اتفاقية pact	تأثير im·pact
منطقة tract	يجذب at·tract	كياسة tact	نَصْر vic·to·ry

عملي prac·ti·cal	قاموس dic·tion·ar·y	دكتور doc·tor	مُدرب in·struc·tor
تشرين أول Oc·to·ber			

ch→ك

لا وجود لـ k في الكلمات الطويلة

كَمِسْتْ وْري - كيمياء chem·is·try	كَيْ وْرِكْتَ - شخصية char·ac·ter	تَكْنِكِل - تقني tech·ni·cal
ألَم ache	الكيمياء al·che·my	خدعة scheme
اوركسْتْرا or·ches·tra	كوسا zuc·chi·ni	المصمم ar·chi·tect
السحلب or·chid	أرشيف ar·chives	طبيب المفاصل والعظام chi·ro·prac·tor
علم الحالات العقلية psy·chi·a·try	حالة انفصام الشخصية schiz·o·phre·ni·a	تعليم ديني cat·e·chism
مازوخية mas·o·chist	أرخميدس Ar·chi·me·des	فوضوية an·ar·chy
حكم ملكي mon·ar·chy	تدرج مرتبي hi·er·ar·chy	صداع head·ache
ميكانيكي me·chan·i·cal	مدرسي scho·las·tic	غير منتظم cha·o·tic
قديم جدا ar·cha·ic	مُزمن chron·ic	بترتيب زمني chron·o·log·i·cal
ألم المعدة stom·ach·ache	ألم بالظهر back·ache	دهن متجمد بالشرايين cho·les·terol
كوليرا cho·le·ra	علم النفس psy·chol·o·gy	صدى ech·o

ac→آكـ

لا وجود لـ ak في الإنكليزية

أَكْسِپْت - يوافق على	آكْسَنْت - لهجة	آكْسَس - صلاحية	أَكْلَـيْم - يمتدح
ac·cept	ac·cent	ac·cess	ac·claim
يقبل	ينجز	اصطدام	مـاك
ac·cede	ac·com·plish	ac·ci·dent	Mac
جـاك	ظهر	يحزم	حقيبة الظهر
Jack	back	pack	back·pack
علبة	رَف	يكسر ليفتح	شِحة
pack·et	rack	crack	lack
أسود	بنطلون	يضرب	ضربَ
black	slacks	whack	whacked

ec→أكـ

لا وجود لـ ek في الإنكليزية

دَك - مساحة بباخرة	نَك - رقبة	پَك - ينقر	وْرَك - يتحطم
deck	neck	peck	wreck

oc→ىكـ

لا وجود لـ ok في الإنكليزية

ىكِـوْر - يظهر	ىكْيووپـاي - يحتل	لـىك - يقفِل	بْلىك - يحجب
oc·cur	oc·cu·py	lock	block
ساعة	يجعله مسخرة	يطرق باب	صخرة
clock	mock	knock	rock
جورَب	مرسى السفُن	يُكدس	كدَسَ
sock	dock	stock	stocked

ic⟶إكـ

لا وجود لـ ik في الإنكليزية

فانْتاسْتِك - رائع fan·tas·tic	پْلاسْتِك plas·tic	ماجِك - سحر mag·ic	بَيْسِك - أساسي ba·sic
صوت من عدة حروف phon·ic	اللغة العربية Ar·a·bic	مستوصف clin·ic	خط مائل i·tal·ic
فني ar·tis·tic	مؤيد لسُقراط Soc·ra·tic	شكوكي skep·tic	ساخر sar·cas·tic
سريالي sur·re·al·is·tic	اقتصادي ec·o·nom·ic	ميكانيكي me·chan·ic	مُزمن chron·ic
ازدحام المرور traf·fic	قصيدة غنائية lyr·ic	مريض sick	يلتصق stick
ثخين thick	نقرة click	سريع البديهية slick	يلتقط pick

uc⟶ءَكـ

لا وجود لـ uk في الإنكليزية

لـءَك - حظ luck	لـءَكي - محظوظ luck·y	دءَك - بطة/ ينحني duck	بـءَك - دولار buck
سطل buck·et	يَشِد tuck	شاحنة truck	عاصٍ stuck
صعقَ struck			

الدرس 24: قواعد جديدة وتمارين مُسهبة عن الصوتين الناعس والصلب للحرف G

1. The Soft **G**

▸ As in "larg*e*", the soft "g" sounds like the name of the letter G, and the hard "g" sounds hard like the "g" as in "go." We read the "g" according to what follows it. Except for approximately 20 words that are exceptions, we usually read the **ge**, **gi**, and **gy** soft.

◂ لحرف الـ g صوتان رئيسان، الأول ناعس مثل اسم الحرف g كما في larg*e*، والثاني صلب مثل الحرف الفارسي (گـ) كما في (گـو go). ويعتمد صوت الـ g على الحرف الذي يتبعه. فيكون صوت g ناعسا حين يتبعه e أو i أو y وهناك كلمات معدودة لا تتجاوز العشرين كلمة لا تتبع هذه القاعدة. اقرأ **gy, gi, ge** مثل صوت اسم الحرف G (الصوت الناعس لـ g) كما في الكلمات الآتية:

ge→ج

لـى ج - كبير lar*ge*	كَـيْ ج - قفص ca*ge*	سْتَـيْ ج - خشبة المسرح sta*ge*	دَيْنْجَ - خطر dan·ger
رسالة mes·sa*ge*	رسول mes·sen·ger	مشاهير leg·ends	كلِّيَّة col·le*ge*
ملفوف cab·ba*ge*	زواج mar·ria*ge*	قاضي jud*ge*	حلوى سائل fud*ge*
جِسر brid*ge*	جرثومة germ	جراثيم germs	ألماني Ger·man
جورْج Georg*e*	عبقري gen·ius	المادة الجيلاتينية gel·a·tin	جنس الفرد gen·der
عام gen·er·al	مَلاكْ an·gel	سِجل الحسابات led*g*·er	اندماج merg·er

gi→ج

جِن - شراب الجن gin	إنْجِن - مكنة en·gi*ne*	إنْجِنيير - مهندس en·gi neer	ءو وْرِجِن - أصل or·i·gin
أصلي or·i·gin al	زنجبيل gin·ger	فحوى gist	سحر mag·ic
متصلب بموقفه rig·id	عملاق gi·ant	هائل الحجم gi·gan·*tic*	زرافة gi·raf*fe*

gy→ج

بخيل stin·gy	كالأعجوبة prod·i·gy	نادي رياضي gym	رياضي جمنازيوم gym·nast
غجري gyp·sy	مِصر E·gypt	تنجيم as·trol·o·gy	علم الأحياء bi·ol·o·gy
علم النفس *p*sy·chol·o·gy			

2. The Hard **G**

▸ The "g" sound is hard, and it does not sound like the name of the letter G when followed by the vowels a, o, u, or when followed by consonants ga, go, gu, gl, gr, g*h*, gg or when not followed by anything as in "bag". Read the **ga, go, gu, gl, gr, g*h*, gg,** and **g** like a hard "**g**" in these words:

◂ الصوت الثاني للحرف g هو صوته الصلب مثل صوت الحرف الفارسي (گـ) كما في (گو go)، ويعتمد صوت g على الحرف الذي يتبعه، إلا إن هناك كلمات معدودة لا تتجاوز العشرين لا تتبع هذه القاعدة سيتم ذكرها لاحقا. اقرأ بصوت عال كلا من **ga, go, gu, gl, gr, gh, gg, end g** مثل (گـ) وهو الصوت الصلب لـ g كما في الكلمات الآتية:

ga→گـ

گـاس - غاز/ بنزين gas	گـيلِك - ثوم gar·lic	گـيدِن - حديقة ورود gar·den	گـَوْراژ - مِرآب ga·rag*e*
شحاذ beg·gar	لعبة gam*e*	مجرة الكواكب gal·ax·y	عضو الجسم or·gan
نامي بطريقة طبيعية or·gan·ic	مخطوب en·gag*e*d	روضة أطفال kin·der·gar·ten	معرض ga*l*·ler·y

go→گـ

گـو - يذهب go	أگـو - مضى a·go	كـﯼگـو - شحن car·go	شِكاگو Chi·ca·go
حصلَ got	الله God	ألذهبْ gold	يحكم gov·ern
شبح g*h*ost			

gu→گـ

گـءَم - لثة/ علكة
gum

گـءَن - مُسدّس
gun

گـءَتْس - شجاعة
guts

گـاي - فتى
guy

تخمين/ خمِن
guess

ضيف
guest

قيثارة
gui·tar

مذنب
guilty

رابطة
guild

ضمان
guar·an·tee

طاعون
plague

خليج
gulf

gl→گـلـ

گْـلاد - فرحان
glad

گْـلاس - قدح
glass

گْـلوو - صمغ
glue

گْـليم - وميض
gleam

لمحة
glance

كرة أرضية
globe

gr→گـوْر

گـوْراس - حشيش
grass

گـوْراسْپ - يقبض
grasp

گـوْراب - يمسك
grab

گـوْروس - الربح الصافي
gross

قواعد لغوية
gram·mar

أخضر
green

ابتسامة
grin

يوافق
a·gree

لا يوافق
dis·a·gree

gh→گـ

گوْسْت - شبح
ghost

گدو - حي شعبي
ghet·to

سْپَگدي
spa·ghet·ti

gg→گـ

أگْز - بيض
eggs

لىگْد - حمّلَ
logged

هـءَگْد - حَضنَ
hugged

end g→گـ

باگ - كيس bag	بَـگ - يتوسل beg	لَـگ - ساق leg	بِـگ - كبير big
يهرول jog	دورق jug	يحضن hug	تينة fig
عصابة gang	باروكة wig	المتكبر big·wig	غصن twig

Hard G Exceptions G استثناءات الصوت الصلب لحرف G

⌧Read aloud many times to memorize some of the exceptions of the hard ge, gi, and gy

⌧إن صوت g صلب مثل (گ) في هذه الكلمات المعدودة التي لا تتبع القاعدتين أعلاه، ويجب قرأتها مرارا وتكرارا بصوت عال إلى أن يتم حفظها، وهناك قواعد مفصلة عنها في كتاب آخر للمؤلفة:

⌧ge, gi, gy→گـ

گت - يحصل get	تیگِت - هدف tar·get	فو گت - ينسى for·get	فِنْگِ - إصبع fin·ger
مغني sing·er	ترس gear	الوز geese	غصن give
بنت girl	الرابط gir·dle	خيشوم gill	غصن gift
طوق girth	حوصلة giz·zard	دائخ gid·dy	حيلة gim·mick
فَرْحَة gig	كركرة gig·gle	طب نسائي gy·ne·col·o·gy	

gn→أنْ

◂ اقرأ كلَ gn مثل n وذلك لأن حرف g يكون صامتا عندما يتبعه حرف n كما في:

سايْن - إشارة/ لافتة sign	وْرزايْن - يستقيل re·sign	أسايْن - يمنح مهمة لـ as·sign	دِزايْن - يصمم de·sign
فو وْرن - أجنبي for·eign			

الدرس 25: قواعد جديدة وتمارين مُسهبة عن تحول صوت S لصوت Z كما في (is) و(rose)

▸ Usually, a single "s" sounds like Z at the end of some small one-syllable words like "has." One "s" is usually too weak to keep its sound, and this explains why we see so many small words ending with "ss" instead of one "s" as in "class."

◂ إن حرف الـ(s) الواحد ضعيف وعادة لا يستطيع أن يحافظ على صوته، وغالبا ما يتحول صوته إلى صوت Z وخاصة حين يقع في آخر الكلمات القصيرة مثل (has). وهذا ما يفسر كثرة تكرار (s) في نهاية الكلمات القصيرة كما في class، وهي تتكرر لأجل الحفاظ على صوتها. اقرأ S مثل Z في نهاية هذه الكلمات القصيرة أو في نهاية المقطع:

إز - هو is	هِز - ـهُ his	آز - مِثل as	هـاز - عندهُ has
كان was	سِت Ms.	كِلاب dogs	أقلام pens
ضلوع ribs	يلعب plays	أولاد boys	مفاتيح keys
فتيات girls	يذهب goes	أصابع القدم toes	عِبرَ trans
يترجم كتابيا trans·late	يبث على الهواء trans·mit		

عندما يكون صوت S مثل صوت Z كما في rose

A single "s" usually sounds like Z when between two vowels as in "rise." One "s" between two vowels is usually too weak to keep its sound, and if we need to hear the S sound between two vowels, we often use soft "c" as in "rice" and as in "decision".

إن حرف الـ s الواحد ضعيف، وعادة لا يستطيع أن يحافظ على صوته وغالبا ما يتحول صوته إلى صوت z وخاصة حين يقع بين حرفي علة كما في (rise). ولو أردنا سماع صوت s بين حرفي علة، فغالبا ما نستخدم c كما في rice, decide. وسبب كون صوت الحرف s ضعيف هو أنه عنده قليلا من الصوت، وأحيانا هو شبه حرف علة semivowel ويسلك كحرف علة. اقرأ حرف (s) مثل Z وهو بين حرفي علة في هذه الكلمات:

رُوز - وردة rose	هـوز - خرطوم الماء hose	نـوز - أنف nose	پـوز - وقفة pose
يغلق close	جُرعة dose	حكيم wise	يرتفع rise

			Chapter Three
أستعملَ	يستعمل	يسيء لِـ	خزان ملابس
u*s*ed	u*s*e (v.)	a·bu*s*e	clo*s*·et
يُسلي	متحف	موسيقى	هدية/ الحاضر
a·mu*s*e	mu·*s*e·um	mu·*s*ic	pre*s*·ent
صحراء	نتيجة	رغبة	يُفاجئ
de*s*·ert	re·*s*ult	de·*s*ire	sur·pri*s*e
يُساوم			
com·pro·mi*s*e			

الدرس 26: قواعد وتمارين عن صوت qu الذي هو مثل صوت kw كما في queen

▸ Every "q" is followed by a "u." Every "q" sound like a K, and the "qu" sounds like "kw". Because the "u" is not a vowel in "qu", you must always look for a vowel after every "qu".

◂ يتبع كلَ (q) حرف الـ (u) وصوت (q) هو دائما كصوت K، وصوت (qu) سوية هو (kw)، وبذلك لا يعتبر (u) حرف علة هنا لأن صوته يتحول إلى صوت W، لذا يجب أن يتبع كل (qu) حرف علة، وكلما تسمع نفسك تنطق صوت w بعد صوت k، اكتب qu لأنه وجود لـ kw في الإنكليزية، كما في:

qu+i→kwi

كـُوك - سريع quick	أسرع quick·er	الأسرع quick·est	بسرعة quick·ly
لحاف quilt	لا يستمر quit	يُبّطِل quits	يبرئ ac·quit
يبرئ ac·quits	اختبار quiz	اختبرَ quizzed	مُجهّز e·quipped
عِدَة e·quip·ment	ما يعادل e·quiv·a·len·cy	تعامل عادل eq·ui·ty	سائل liq·uid
ذَوّبَ liq·ui·fy	طلبْ استفسار in·quir·y	سنجاب squir·rel	تماما quite
هادئ qui·et	ملزمة ورقية quire	يكتسب معلومة ac·quire	يتطلب re·quire
يتطلب re·quires	تطلبَ re·quired	يتطلب re·quir·ing	

qu+e→kwe

كـُوَسْت - مسعى quest	طلبْ/ يطلب re·quest	غزو con·quest	متكرر بكثرة fre·quent
بتكرار كثير fre·quent·ly	تردد fre·quen·cy	نادر الحدوث in·fre·quent	مأدبة ban·quet
تسلسُل se·quence	متسلسل se·quenced	طلب استفسار que·ry	صئيل squeal
ملكة queen	بليغ el·o·quent	ولذلك con·se·quent·ly	

qu+a→kwa

كُ وىلَتي - نوعية qual·i·ty	مساواة e·qual·i·ty	مؤهل qual·i·fy	كوسا squash
مربع/ ساحة square	رُبع quart	رُبع quar·ter	شِجار quar·rel
معارِف acquaintances	خط الاستواء e·qua·tor	عصفور quail	كمية quan·ti·ty

qu+o→kwo

كْ ووت - مَقولة quote	يقتبس مقولة quotes	اقتبسَ مقولة quot·ed	استعارة مَقولة quot·ing
حصة quo·ta	سابق quon·dam		

-que→k

▸ The "*ue*" after "q" is silent at the end of words; it occurs in a small number of words:

◂ في حالة وجود (*ue*) بعد q في نهاية الكلمة، يكون الحرفان (*ue*) صامتين، هذا يحدث في كلمات معدودة:

يوونيك - فريد u·niq*ue*	تَكْنيك - تقنية tech·niq*ue*	آنْتيك - تحفة an·tiq*ue*	كْ ورتيك - النقد cri·tiq*ue*
مِسْتيك - غموض mys·tiq*ue*	فِزيك - بنية الجسم phy·siq*ue*	پْلاك - تكلس اسنان/ لوحة plaq*ue*	

q*u*→k

▸ As in "mosq*u*ito", the "*u*" is silent in a small number of words:

◂ في كلمات جدا قليلة يكون (*u*) بعد (q) حرفا صامتا:

كىنكِ ور - يفتح/ يسيطر con·q*u*er	الفاتح/ الغازي con·q*u*er·or	كِلوكيَل – لهجة عامية col·lo·q*u*i·al	كو ورَم - النصاب q*u*o·rum
مَسْكييدوز - بعوض mos·q*u*i·toes	لِكَ ور - مشروب كحولي liq·*u*or		

الدرس 27: قواعد وتمارين عن صوت x الذي هو مثل صوت ks كما في six

▸ As in "six", anytime you hear yourself saying "s" after the K sound, spell it with an "x":

متى ما تسمع حرفي (ks) سوية، اكتب x لأنه لا وجود لـحرفي (ks) سوية بالإنكليزية إلا في (x) كما في six:

ax→آكْس

آكْس - فأس ax	فاكْس fax	أرسلَ بالفاكْس faxed	واكْس - يُلمِع/ شمع wax
لَمَعَ waxed	ضريبة tax	فرَضَ ضريبة taxed	فرْضْ الضريبة tax·ing
متساهل lax	يرتخي re·lax	ارتخى/ مرتخي re·laxed	ماكْس Max
الكتان flax	ساكْسَفون sax·o·phone	حد أقصى max·i·mum = mak·ci·mum	

ex→أكْس

أكْس وايْف - الزوجة السابقة ex-wife	أكْسْكيووز - يسمح ex·cuse	مُسامَح ex·cused
سماح ex·cus·ing	ينفذ/ يعدم ex·e·cute	يستثني ex·clude
استثناء/ ما عدا ex·clud·ing	يعرض/ يكشف ex·pose	تعريض ex·pos·ing
يصدر ex·port	ينفجر ex·plode	مستمر بالانفجار ex·plod·ing
خبير ex·pert	ينفذ مفعوله ex·pire	انتهاء مدته ex·pir·ing
مبيد ex·ter·mi·na·tor	منقرض ex·tinct	خارجي ex·ter·nal
خارجي ex·te·ri·or	يُخرج فضلات الجسم ex·crete	لحد التطرف ex·treme

Chapter Three

بمبالغة/ بتطرف	متطرف	يبرع	
ex·treme·ly	ex·trem·ist	ex·cel	
ابرعَ	فاخر/ ممتاز	يثير	
ex·celled	ex·cel·lent	ex·cite	
مُثار	مثير	ما عدا	
ex·cit·ed	ex·cit·ing	ex·cept	
يرخي العضلة	دليل الصفحات	بناية مزدوجة	
flex	in·dex	dup·lex	
مُركب/ معقد	اللحاء	نَص	
com·plex	cor·tex	text	
كتاب مدرسي	سياق	تمرين	
text·book	con·text	ex·er·cise	
فقدان الشهية	عُسر القراءة	مخرج/ يخرج	
an·o·rex·i·a	dys·lex·i·a	ex·it	
منفى	امتحان	مضبوط	
ex·ile	ex·am	ex·act	
بالضبط	معفي من	يبالغ	
ex·act·ly	ex·empt	ex·ag·ger·ate	
عرض فني/ عرض	يعرض	يحث	
ex·hi·bit	ex·hi·bit·ing	ex·hort	

ix → إكْس

سِكْس - ستة	ستين	ستة وستين	ستة عشر
six	six·ty	sixty-six	six·teen
يخلط	خلطَ	مَزجْ	خلاطة
mix	mixed	mix·ing	mix·er
يُصَلِّح	صلَحَ	تصليح	المُثبت
fix	fixed	fix·ing	fix·er
بادئة الكلمة	آخرة الكلمة	المضاف للكلمة	
pre·fix	suf·fix	af·fix	

ox→ىكْس

بى كْس - صندوق box	وضع بصندوق boxed	ملاكمة box·ing	ملاكم box·er
ثور ox	ثيران ox·en	أوكسجين ox·y·gen	ثعلب fox
ماكرة/ جميلة fox·y	تقريبا/ حوالي ap·prox·i·mate·ly	ثاني أوكسيد di·ox·ide	

ux→ءَكْس

فلْـءَكْس - جريان flux	تدفق in·flux	فاخر de·luxe	بدلة رسمية tux
بدلة رسمية tux·e·do	سمين bux·om		

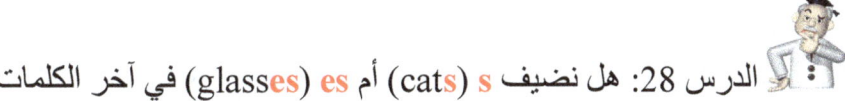

الدرس 28: هل نضيف s (cats) أم es (glasses) في آخر الكلمات؟

We add an "s" to make plurals (pens) or to add to a verb (plays):

تضاف s بآخر الاسم في حالة الجمع (كاتْز cats) وبآخر الفعل مع الشخص الثالث (پْلَـيْز plays) وكما في:

قطط cats	كلاب dogs	أسِرَة beds	أقلام pens
دبابيس pins	أولاد boys	بنات girls	أطفال kids
أكياس bags	قوارب boats	سيارات cars	تلال hills
مخازن stores	بيوت homes	حيات snakes	يركض runs
يلعب plays	يضيف adds	يرشق بأنفه sniffs	يغني sings
يغلب wins	يفرك rubs	يقول tells	يبيع sells
يتهجى spells	يطش spills	يسوق drives	يحس/ يشعر feels
يحتفظ بِـ keeps	يرسل sends	يتأمل للمستقبل hopes	يشتري buys

أضف es بدلا عن s بعد ch, sh, x, zz, ss (گـلاسِز glasses) وبعد بعض حروف العلة كما في potatoes، ولاحظ أيضا أن حرف الـ e يلفظ وهو غير صامت في حالة إضافة es لكنه صامت في كلمة تنتهي أصلا بـ e صامت ثم يضاف لها s كما في كلمة hope→hopes. اقرأ الآتي شفويا أي بصوت عال:

گـلاسِز - نظارات glass·es	كْلاسِز - صفوف class·es	لـءَنْـچِز - جمع غداء lunch·es	تيـيچِز - يعلم teach·es
جمع رماد ash·es	يغسل wash·es	صناديق box·es	يُصلح fix·es
جمع فاكس fax·es	ضرائب tax·es	يخلط mix·es	أعذار ex·cus·es
جمع دليل in·dex·es	اختبارات quiz·zes	يذهب goes	بطاطس po·ta·toes

mos·qui·toes

الدرس 29: قاعدة كل v يجب أن يتبعه e صامت في آخر الكلمات

A final "v" must be followed by a silent "*e*":

اقرأ بصوت عال كي تتذكر بأنه يجب أن يتبع كل v في آخر الكلمة حرف e صامت ولا تنتهي الكلمات بحرف v وحده:

حُب	كف	فوق	حمامة
love	glove	a·bove	dŏve
غطسَ	ساقَ	بستان	عنده/ يمتلك
dōve	drove	grove	have
أعطي	يعطي	يعيش/ يسكن	جمع حياة
give	gives	lĭve	lives
عاش/ سكنَ	حُب	يحب	يغطس
lived	love	loves	dive
أنقذَ	ينقذ	أنقذَ	احلق
save	saves	saved	shave
يحلق	حَلَقَ	اترك	يترك
shaves	shaved	leave	leaves
زيتونة	فعال	مبدع	مُقدم الدعم
ol·ive	ac·tive	cre·a·tive	sup·por·tive
يستحق	يستحق	اخذ بكفاءة	خاص
de·serve	de·serves	de·served	ex·clu·sive

الدرس 30: حفظ البادئة -ac في أول الكلمة والتي تعني إلى أو إلى الأمام

◂ يُكوِّن ac مقطعا مستقلا وهو بادئة في بداية الكلمة تعني إلى أو إلى الأمام، ومن الأفضل حفظه كمقطع مستقل عن بقية الكلمة ليُسَّهل حفظ قراءة وتهجي الكلمة:

ac-

أكْسَپْت - يوافق	أكْسِدَنْت - حادث غير متوقع	آكْسَس - صلاحية	آكْسَنْت - لهجة
ac·cept	ac·ci·dent	ac·cess	ac·cent
حساب مالي	يتهم	نشيط	مُبرأ
ac·count	ac·cuse	ac·tive	ac·quit·ted

الفصل الرابع Chapter Four:

مزيدٌ من الأصوات

الدرس 31: البادئة tech- في بداية الكلمات، وهي مُختصر لكلمة تكنولوجيا 70

الدرس 32: نستخدم النهاية cle- في الأسماء (uncle) وcal- في الصفات (logical) 70

الدرس 33: النهايات cian, -sion, -tion- في آخر الكلمات، وصوتهم هو شِن 72

الدرس 34: احفظ قراءة وتهجي المقطع some- في أواخر بعض الكلمات (handsome) 73

الدرس 35: قواعد جديدة تُفسر سبب تكرار الحروف الصحيحة بعد حرف العلة القصير (fătter).............. 74

الدرس 36: لكل حرف علة أكثر من خمسة أصوات phonics وأكثر من عشرة طرق لتهجي الأصوات 76

الدرس 31: البادئة -tech في بداية الكلمات، وهي مُختصر لكلمة تكنولوجيا

◂ يُكوّن -tech مقطعا مستقلا وهو بادئة في بداية الكلمة، ومعنى هذه البادئة هو تقنية وهي مختصر لكلمة (تكنولوجيا tech·nol·o·gy)، ومن الأفضل أن تتذكر هذه البادئة كمقطع مستقل عن بقية الكلمة لكي تكون عملية تهجيها أسهل علينا:

تَكْنَىلِجي - تقنية/ صناعة **tech**·nol·o·gy	تقني **tech**·nol·o·gi·cal	تقنية **tech**·ni·cal
تقنيا **tech**·ni·cal·ly	تقنية معينة **tech**·niq*ue*	تقنيات معينة **tech**·niq*ue*s

الدرس 32: نستخدم النهاية -cle في الأسماء (uncle) و-cal في الصفات (logical)

1. The suffix -**cle** in nouns

▸ As in “cycle,” the (consonant +le) ending usually makes nouns, and the (le) sounds like (il). For instance, “cycle” sounds like “cyk~~il~~”:

◂ أي حرف صحيح + le مثل (c+le) في uncle يُكوّن مقطعا مستقلا في نهاية الكلمة، ومن الأفضل تذكر كونه مقطعا مستقلا. أما صوت حرف العلة (e) هنا فهو مثل صوت (i) كما لو كان صوت uncle هو (unk~~il~~):

عُنْكِل - عم أو خال un·**cle**	سِرْكِل - دائرة/ ساحة cir·**cle**	ىتِكِل - مقالة ar·ti·**cle**	سايْكِل - دورة cy·**cle**
رقاقة الثلج i·ci·**cle**	أعجوبة mir·a·**cle**	قادر a·**ble**	طاولة ta·**ble**
مهد cra·**dle**	تفاحة a*p*·**ple**	بسيط sim·**ple**	قليل li*t*·**tle**
بيع باليانصيب ra*f*·**fle**	لغز puz·**zle**	أعزب/ مفرد sin·**gle**	عُزاب sin·**gle**s
غابة jun·**gle**	غابات jun·**gle**s	الكاحل an·**kle**	

2. The suffix -**cal** in adjectives

▸ The "-cal" ending occurs only in adjectives:

◂ يكوّن (**-cal**) مقطعا مستقلا في آخر الكلمات التي هي دائما صفات، ومن الأفضل تذكر كونه مقطعا مستقلا في نهاية الكلمات. وإذا كانت الكلمة اسم، فاكتب **cle**- وإذا كانت صفة فاكتب **cal**-.

النهاية **cal**- في آخر الصفات

ماجِكَل - سحري mag·i·**cal**	لىجِكَل - منطقي log·i·**cal**	پـرِاكْتِكِل - عملي prac·ti·**cal**
تاريخي his·tor·i·**cal**	سياسي po·lit·i·**cal**	سياسيا po·lit·i·**cal**·ly
تقني tech·ni·**cal**	ميكانيكي me·chan·i·**cal**	صوتي vo·**cal**

الدرس 33: النهايات -tion, -sion, -cian في آخر الكلمات، وصوتهم هو شِن

1. The suffix **-tion→شِن**

◀ يُكوّن **tion**- مقطعا مستقلا في نهاية الكلمات، وصوته هو (شِن)، ومن الأفضل حفظه كمقطع مستقل، وعادة نستعمله لخلق أسماء من الأفعال (act→ac**tion**):

نـَيْشِن - أمة na·**tion**	سْتـَيْشِن - محطة sta·**tion**	آكْشِن - فعل/ حركة ac·**tion**
ثقافة ed·u·ca·**tion**	عريضة لتقديم طلب a*p*·pli·ca·**tion**	عطلة إجازة va·ca·**tion**
هجرة i*m*·mi·gra·**tion**	تشويه المعنى dis·tor·**tion**	مستحضر مرطب lo·**tion**
فكرة no·**tion**	جرعة po·**tion**	

2. The suffix **-sion→شِن**

◀ يُكوّن **sion**- مقطعا مستقلا في نهاية الكلمات، وصوته هو (شِن)، ومن الأفضل حفظه كمقطع مستقل، وعادة نستعمله لخلق أسماء من الأفعال (impress→impres**sion**)، احفظ تهجي كلمة mi*s*·**sion** فهي في داخل كلمات عديدة من هذا النوع:

مِشِن - مهمة mi*s*·**sion**	أدْمِشِن - قبول ad·mi*s*·**sion**	پِـ وُرْمِشِن - رخصة per·mi*s*·**sion**
إطلاق/ إشعاع e·mi*s*·**sion**	تعبير ex·pre*s*·**sion**	مناقشة dis·cu*s*·**sion**
انطباع im·pre*s*·**sion**	امتداد ex·ten·**sion**	قصر man·**sion**

3. The suffix **-cian→شِن**

◀ يُكوّن **cian**- مقطعا مستقلا في نهاية الكلمات، ومن الأفضل تذكره كمقطع مستقل. ومعناه يعبر عن مِهَن أو هوايات الفرد. فاذا كانت الكلمة تعني مهنة أو هواية، فاكتب **cian**- حين تهجيها ولا تكتب **tion**- أو **sion**-:

مْيووزِشِن - موسيقار mu·si·**cian**	مَجِشِن - سحار ma·gi·**cian**	فِزِن - طبيب phy·si·**cian**
مختص بالسياسة pol·it·i·**cian**	مختص بالكهرباء e·lec·tri·**cian**	طبيب البصر op·ti·**cian**

Chapter Four

الدرس 34: احفظ قراءة وتهجي المقطع *some*- في أواخر بعض الكلمات (han*dsome*)

◄ يُكوّن *some*- مقطعا مستقلا في نهاية بعض الكلمات، ومن الأفضل حفظ قراءته وتهجيه كمقطع مستقل:

هولْسِم - مفيد	لونْسِم - وحيد	هانْسِم - وسيم
*w*hole·s*ome*	lon*e*·s*ome*	han*d*·s*ome*
شنيع	ثقيل	مُتعب
gru*e*·s*ome*	burden·s*ome*	tir*e*·s*ome*

73

الدرس 35: قواعد جديدة تُفسر سبب تكرار الحروف الصحيحة بعد حرف العلة القصير (fă<u>tt</u>er)

▸ As in “dinner”, only two consonants (nn) can build a fence strong enough to keep “i” and “e” from helping each other. Otherwise, a word like “dinner” would become “diner” if we did not double the consonant “n”.

◂ يتكرر الحرف الصحيح بعد حرف العلة القصير كي يبتعد حرفا العلة عن بعضهما، وبذلك يبقى صوت حرف العلة الأول قصيرا ولا يتحول إلى صوت طويل. كلمة مثل (dinner) تصبح (diner) لو لم يتكرر الحرف الصحيح (n) بين i و e. فالحرفان الصحيحان يشكلان حاجزا متينا بين حرفي علة لإبعادهما عن بعضهما، حيث إن حرف صحيح واحد ضعيف ولا يستطيع أن يشكل حاجزا مانعا بين حرفي علة.

att→ătt

سمين أسمن أسمن الكل
fat→fa*t*·ter→fa*t*·test

قيلولة أخذ قيلولة أخذ القيلولة
nap→na*p*ped→na*p*·ping

يلف لف عملية اللف
wrap→wra*p*ped→wra*p*·ping

زعلان أكثر زعلان الأكثر زعلان
mad→ma*d*·der→ma*d*·dest

متهدل أكثر تهدلا الأكثر تهدلا
ba*g*·gy→ba*g*·gi·er→ba*g*·gi·est

محظور وضعُ حظر لافتة
ba*n*ned→ba*n*·ning→ba*n*·ner

يدردش دردشَ دردشة
chat→cha*t*·ted→cha*t*·ting

يصفق صفقَ التصفيق
clap→cla*p*ped→cla*p*·ping

مسرور أكثر سرورا الأكثر سرورا
glad→gla*d*·der→gla*d*·dest

حزين أكثر حزنا الأكثر حزنا
sad→sa*d*·der→sa*d*·dest

رجل غير آلي
man→ma*n*ned

دان داني
Dan→Da*n*·ny

epp→ĕpp

يخطو خطا الخطو
step→ste*p*ped→ste*p*·ping

يدلل دلَلَ الدلال
pet→pe*t*·ted→pe*t*·ting

بَن بَني
Ben→Be*n*·ny

توسَلَ توسُل شحاذ
be*g*ged→be*g*·ging→be*g*·gar

يحصل حاصل حاصل على
get→ge*t*·ting→ge*t*·ter

يتراهن تراهن رِهان
bet→be*t*·ted→be*t*·ting

فْـرَد فْـرَدي
Fred→Fre*d*·dy

تـد تـدي
Ted→Te*d*·dy

مبعثر أكثر بعثرة الأكثر بعثرة
mess·y→mess·i·er→mess·i·est

يتهجى تهجى تهجي المتهجي
spell→spell*ed*→spell·ing→spell·er

أد أدْي
Ed→E*d*·dy

أنهى ينهي
end→end·ed

inn→ĭnn

يقص مقصوص آلة قاطِعة
clip→cli*pp*ed→cli*p*·per

عشاء غرفة خلفية
din→di*n*·ner

ابدأ/ يبدأ بداية
be·gin→be·gi*n*·ninng

افتراق يفارق/ ينشطر
split→spli*t*·ting

أنحف نحيف
thin→thi*n*·ner

مُبرأ يبرئ
ac·quit→ac·qui*t*·ted

opp→ŏpp

حار أكثر حرارة الأكثر حرارة
hot→ho*t*·ter→ho*t*·test

يمسح مسح الأرض مَسحُ الأرض
mop→mo*pp*ed→mo*p*·ping

يتسوق تسوقَ التسوق
shop→sho*pp*ed→sho*p*·ping

يهرول هرولَ الهرولة
jog→jo*gg*ed→jo*g*·ging

حصلَ حصل عليه منسي
got→go*t*·ten→for·go*t*·ten

يقف وقفَ وقوف
stop→sto*pp*ed→sto*p*·ping

يقفز قفزَ القفز
hop→ho*pp*ed→ho*p*·ping

يسرق سرَقَ السرقة
rob→ro*bb*ed→ro*b*·ber·y

ugg→ŭgg

يقطع تقطيع آلة قاطعة
cut→cu*t*·ting→cu*t*·ter

غناء خافت غنى لنفسه يغني لنفسه
hum→hu*mm*ed→hu*m*·ming

ينظف نظفَ تنظيف قوي
scrub→scru*bb*ed→scru*b*·bing

يغلق إغلاق شيء للغلق
shut→shu*t*·ting→shu*t*·ter

يحضن حَضنَ الحُضن
hug→hu*gg*ed→hu*g*·ging

مواد محشو/ حَشى الحشو
stuff→stu*ff*ed→stu*ff*·ing

English Phonics for Arabic Speakers

لكل حرف علة أكثر من خمسة أصوات phonics وأكثر من عشرة طرق لتهجي الأصوات

▸ Each vowel has a unique short sound, a long sound, a weak sound, and a few other sounds. Each long vowel sound is spelled in many ways we call spelling patterns. The long sound of a vowel sounds like the letter name of that vowel.

1. The Short and the Long Sound of the Vowel A
ă: The short sound of the vowel ă (ran, fat, fatter) does not sound like the name of the letter A, and it is followed by one consonant (fat) or two (fatter).

ā: The long sound of the vowel ā sounds like the name of the letter A, and it is spelled in these four ways we call spelling patterns (rain, fate, day, table).

2. The Short and the Long Sounds of the Vowel E
ĕ: The short sound of the vowel ĕ (bet, betted, betting) does not sound like the name of the letter E, and it is followed by one consonant (bet) or two (betting).

ē: The long sound of the vowel ē sounds like the name of the letter E, and it is spelled in these ten ways we call spelling patterns (meet, meat, Pete, chief, receive, monkey, lucky, me, petite, ski).

3. The Short and the Long Sounds of the Vowel I
ĭ: The short sound of the vowel ĭ (sit, sitter, sitting) does not sound like the name of the letter I, and it is followed by one consonant (sit) or two (sitter).

ī: The long sound of the vowel ī sounds like the name of the letter I, and is spelled in ten major ways we call spelling patterns (hi, high, sign, find, sky, die, dye, bite, type, cy·cle).

4. The Short and the Long Sounds of the Vowel O
ŏ: The short sound of the vowel ŏ (hot, hotter, hottest) does not sound like the name of the letter O, and it is followed by one consonant (hot) or two (hotter).

ō: The long sound of the vowel ō sounds like the name of the letter O and it is spelled in seven major ways we call spelling patterns (snow, toe, soul, boat, hope, no, cold).

5. The Short and the Long Sounds of the Vowel E
ŭ: The short sound of the vowel ŭ (cut, cutter, cutting) does not sound like the name of the letter U, and it is followed by one consonant (cut) or two (cutter).

ū: The long sound of the vowel ū is spelled in seven major ways we call spelling patterns (blue, suit, feud, few, cute, men·u, zoo). The long sound of the vowel ū sounds like the name of the letter U but it can sound like yoo as in "menu" or like oo as in "blue".

No Force Memorization is Needed
Students need not force memorization of the spelling of words. Learning to read and spell will come naturally, as they keep understanding and reading aloud. They need to read slowly to enable them to see the way words are written. This book is to help them start reading and is mainly to give them an idea of how English letters are structured. More details to learn to spell are in the book, *Learn to Spell 500 Words a Day* by Camilia Sadik.

Chapter Five: الفصل الخامس

Phonics made by the vowel A

▸ The vowel A has a short sound (man), a long sound (main), a special sound (laundry), a weak sound (liar), and a minor sound (war).

◂ لحرف العلة A صوت قصير كما في (مــان man)، وصوت طويل كما في (مَـيْن main)، وصوت مثل الألف المقصورة كما في (لى law)، وصوت ضعيف لأنه في مقطع غير مشدد كما في (لايَ liar).

أصوات وتهجي حرف العلة A

لحرف العلة A خمسة أصوات نكتبها في 12 طريقة (phonics)

الدرس 36: الصوت الأول لحرف العلة A هو صوته القصير ă كما في (مــان man) 78

الدرس 37: الصوت الثاني لحرف العلة A هو صوته الطويل ā ويكتب بهذه الطرق الخمسة 79

الدرس 38: الصوت الثالث لحرف العلة A هو صوت مُميز يعادل صوت الألف المقصورة العربية ى 85

الدرس 39: الصوت الرابع لحرف العلة A هو حين ينحصر a بين w و r، ولفظه يصبح O (وور war) 88

الدرس 40: الصوت الخامس لحرف العلة A هو صوته الضعيف كما في (beggar) 89

English Phonics for Arabic Speakers

الدرس 36: الصوت الأول لحرف العلة A هو صوته القصير ă كما في (مـان man)

▶ The short ă sound is followed by one consonant (fat) or two consonants (fatter). The short ă does not sound like the name of the letter A.

▶ رمز الصوت القصير لحرف العلة A هو ă ويتبع هذا الصوت حرف صحيح واحد (fat) أو حرفان صحيحان (fatter)، ولا يشبه هذا الصوت اسم الحرف A وهو يعادل صوت المَدَّة العربية كما في (آت at) وكما في هذه الكلمات. اقرأ هذه الكلمات ببطء وبصوت عالٍ، وركز نظرك على حروف العلة وليس الصحيحة، وخذ وقتا طويلا حين تلفظ حرف العلة:

a → ă

مـان - رجُل	وْران - ركضَ	مـانَـوْر - أسلوب	دان
man	ran	man·ner	Dan
فـان - مروحة	تـان - حمام شمسي	جان	بـان - حضِرْ
fan	tan	Jan	ban
پـان - مقلاة	ڤـان - أوتوبيس	هـات - قبعة	سـات - جلس
pan	van	hat	sat
مضربة	مَدوسة	يطبطب	فأر
bat	mat	pat	rat
سمين	أسمن	رديء	مودة سريعة الزوال
fat	fat·ter	bad	fad
حزين	كان عنده	زعلان	بطانة/ كِشن
sad	had	mad	pad
أب	كيس	خرقة	يستمر بالشجار
dad	bag	rag	nag
سام	پام	سَد	كبش
Sam	Pam	dam	ram
قيلولة	أخذ قيلولة	حُضن	خريطة
nap	napped	lap	map
حنفية	يخرط	آل	هـال
tap	zap	Al	Hal
صديق	أصدقاء	إعلان	يضيف
pal	pals	ad	add
أضاف	فاكس	شمع/ يلمع	ضريبة
ad·ded	fax	wax	tax

الدرس 37: الصوت الثاني لحرف العلة A هو صوته الطويل ā ويكتب بهذه الطرق الخمسة

◂ رمز الصوت الطويل لحرف العلة A هو ā وصوته هو صوت اسم الحرف A نفسه. ويكتب هذا الصوت بهذه الطرق الخمسة:

1. ay (day) 2. ai (main) 3. a-e (fate) 4. a (table) 5. ei (eight)

1. Long ā spelled with ay (day)

◂ أول طريقة لتهجي صوت ā الطويل هي في (ay) في نهاية الكلمات كما في (دَي day). اقرأ هذه الكلمات ببطء وبصوت عال، وركز نظرك على حروف العلة وليس الصحيحة، وخذ وقتا طويلا حين تلفظ حرف العلة:

ay→ā

دَي - يوم	بَي - تجمع مائي	هَيْ - تبن	جَي
day	bay	hay	Jay
كْلَـي - فخار	وْرَي - شعاع	تْـوْرَيْ - صينية	مَي - ربما
clay	ray	tray	may
وَي - طريقة	پْلَـي - يلعب	پْلَـيْد - لعبَ	پْلَـيِن - لعبْ
way	play	played	play·ing
سْتَـي - يبقى	سْتَـيد - بقى	سْتَـيِن - بقاء	پْـوْرَي - يُصلي
stay	stayed	stay·ing	pray
پْـوْرَيد - صلى	پْـوْرَيِن - صلاة	گْـوْرَي - رصاصي	ءوكَـي - جيد
prayed	pray·ing	gray	o·kay
پَـي - يدفع ثمن	سَي - يقول	لَـي - يُمدد	سْلَـي - يذبح
pay	say	lay	slay

2. Long ā spelled with ai (rain)

▸ First rule of phonics: When two vowels are walking, the first one does the talking. This means that as in "ra*i*n", when the two vowels (a) and (i) are next to each other (walking) in a stressed syllable, the first one (a) does the talking by saying its letter name (A) and the second one (*i*) is silent.

◂ ثاني طريقة لتهجي صوت ā الطويل في داخل الكلمات هي في ai كما في (مَيْن main). قاعدة الأصوات الأولى: عندما يتجاور حرفا علة في مقطع، ينطق الأول اسم الحرف، ويكون الثاني صامتا. أي حين يتجاور حرفا العلة (a*i*) كما في ma*i*n، ينطق الأول وهو a اسم الحرف A ويكون الثاني وهو *i* صامتا. وحرف *i* الصامت يساعد a في (مَيْن main) على أن يحتفظ باسمه A أي باسم الحرف A. اقرأ هذه الكلمات ببطء وبصوت عال، وركز نظرك على حروف العلة وليس الصحيحة، وخذ وقتا طويلا حين تلفظ حرف العلة:

ai→ā

مَـيْن- رئيسي	وْرَيْن - مطر	بـْ وْرَيْن- دماغ	تـْ وْرَيْن - قطار
main	rain	brain	train
بالوعة	حبوب	إجهاد	ألم
drain	grain	strain	pain
أسبانيا	مُمَدَد	مقتول	عادي
Spain	lain	slain	plain
يفسر	يزداد	مغرور	رسائل بريدية
ex·plain	gain	vain	mail
اظفر/ مسمار	قوقع	سطل	موقف قبل المحاكمة
nail	snail	pail	jail
صقيع مع مطر	يبحر	يفشل	كفالة
hail	sail	fail	bail
عويل	ذيل	كرفان	سلسلة
wail	tail	trail·er	chain
إيمان	بقعة	يُبقي	يحصل
faith	stain	main·tain	ob·tain
يرسم/ يصبغ	يغمى عليه	قديس	يساعد/ مساعدة
paint	faint	saint	aid
المساعد	خادمة	غارة	يضفر / ضفيرة
aide	maid	raid	braid

خائف af·raid	هدف/ يهدف aim	يدّعي/ دعوة claim	ينتظر/ انتظر wait
طُعم bait	مستقيم straight	يُعلّي raise	أنهضَ/ علّى raised

Elaine

E·laine lives on Main Street. E·laine likes rain. E·laine's pail is filled with rain, hail, snails, and bait. E·laine main·tains her shape. E·laine eats grain and plain yo·gurt. E·laine is not vain. E·laine en·joys hav·ing a pow·er·ful brain.

قارن بين الصوت الطويل والصوت القصير لحرف العلة A:

Long ā	Short ă	Long ā	Short ă
مَـيْن - رئيسي main	مـان - رَجُل man	پَـيْن - ألَـم pain	پـان – مقلاة pan
وْرَيْن - مَطر rain	وْران - رَكَـضَ ran	بْـوْرَيْن - دماغ brain	بْـوْران - نخالة bran
ڤَيْن - مغرور vain	ڤان - شاحِنة van	پْلَـيْن - عادي plain	پْلان - خُطة plan
مَـيْد - خادمة maid	مـــاد - غضبان mad	بْـوْريْد - ضفر/ ضفيرة braid	بْـوْراد Brad
پَـيْد - دفع الثمن paid	پاد - كُشِن pad	أيْم - هَدَف/ يهدف aim	آم - أنا ذا am
بَـيْت - طُعم bait	بـات - مِضربة bat	پَـيْل - سَطل pail	پـال - الصاحِب pal

3. Long ā spelled with a-*e* (hat*e*)

As in "fat*e*", the two vowels (a-*e*) can still help one another when there is only one consonant (t) between them. The first vowel (a) does the talking, while the second vowel (*e*) is silent. This explains why consonants double as in (fat→fatter→fattest); it is because one consonant (t) between two vowels is too weak to keep the two vowels from walking together.

◂ ثالث طريقة لتهجي صوت ā الطويل هي في (a-*e*) كما في (هَـيْت hat*e*). قارن بين hat و hat*e*، فكما في (هَـيْت hat*e*)، صوت (a) الذي يتبعه حرف صحيح واحد كالـ (t) ثم (*e*) صامت يكون له صوت اسم الحرف A نفسه. وأن حرف (*e*) الصامت في آخر كلمة (هَـيْت hat*e*) له دور مهم وهو يساعد (a) على أن يحتفظ بصوت اسمه A. ونسمي صوت (a) هذا الذي يلفظ اسمه A بالصوت الطويل لـحرف A. بمعنى آخر، الحرف الصحيح الواحد ضعيف بين حرفي علة وهو غير قادر على منع (*e*) من إيصال المساعدة لـ (a). وهذا يفسر سبب كثرة تكرار الحروف الصحيحة، والسبب هو لمنع حروف العلة من إيصال المساعدة لبعضها، كما في (fat→fat<u>t</u>er→fat<u>t</u>est).
اقرأ هذه الكلمات ببطء وبصوت عال، وركز نظرك على حروف العلة وليس الصحيحة، وخذ وقتا طويلا حين تلفظ حرف العلة:

(a-*e*)→ā

هَـيْت - يمقت	فَـيْت - مصير	وْرَيْت - معدل الكلفة	مَـيْت - النصف الآخر
hat*e*	fat*e*	rat*e*	mat*e*
متأخر	صحن	كَـيْت	دولة
lat*e*	plat*e*	Kat*e*	stat*e*
تاريخ	أكَلَ	صنعَ/ عملَ	قد بهت لونه
dat*e*	at*e*	mad*e*	fad*e*
يخبز	كيك	يأخذ	حية
bak*e*	cak*e*	tak*e*	snak*e*
درجة	تجارة	شريط	عنبة
grad*e*	trad*e*	tap*e*	grap*e*
هيئة الجسم	شراب	بيع/ تخفيضات	حكاية
shap*e*	al*e*	sal*e*	tal*e*
معفن	ذكر	أنثى	حوت
stal*e*	mal*e*	fe·mal*e*	whal*e*
شهيق	زفير	اسم	شهرة
in·hal*e*	ex·hal*e*	nam*e*	fam*e*
نفس الـ	عيب	جاء	أصبح
sam*e*	sham*e*	cam*e*	be·cam*e*
لعبة	يلوم	جَيْن	عاقل
gam*e*	blam*e*	Jan*e*	san*e*

مجنون in·sane	عصا للمشي cane	طريق بين خطين lane	طائرة air·plane
دَيْڤ Dave	أعطى gave	أنقذ/ وفر save	حلق shave
شجاع brave	قبر grave	الواحد ace	وجه face
سباق race	أثَرْ trace	يحدق gaze	عبارة phrase
مرحلة phase	يقيس gage	يخطب للزواج en·gage	مزهرية vase
قاعدة base	حالة case	يمسح e·rase	مسحَ e·rased

Jake

Jake lives by a lake. Jake bakes his own cake. Jake drinks a milk·shake with his cake. Jake likes snakes. Jake and Kate ate late. Jake and Kate ate from the same plate. Jake's best friends are Kate, Jane, and Dave. Jake's friends are a male and two fe·males. Jake gave his dog to Dave. Jake saved Dave. Jake takes care of Dave. Jake shaves Dave's hair. Jake of·ten craves Dave's wis·dom. Jake will make sure he stays next to Dave un·til the grave.

Jake has tak·en Jane for an air·plane ride. Jake's air·plane fly·ing scared Jane. Jake ac·ted sane, but Jane be·came in·sane in the plane. Jake did not mean to scare Jane. Jake de·cid·ed to put his air·plane up for sale.

قارن بين الصوت **الطويل** والصوت **القصير** لحرف العلة A:

Long ā	Short ă	Long ā	Short ă
فَـيْت - مَصير fate	فـات - سمين fat	هَـيْت - يكره hate	هـات - قبعة hat
وْرَيْت - كلفة الأجر rate	وْرات - فأر rat	مَـيْت - النصف الآخر mate	مـات - مَدوَسة mat
أيْت - أكلَ ate	آت - في حالة at	فَـيْد - خفَ لونه fade	فـاد - مودة مؤقتة fad
تَـيْپ - شريط مُسَجل tape	تـاپ - حنفية tap	سَيْم - نفس الـ same	ســام Sam
مَـيْل - ذَكَر male	مـال - نقص/ سوء mal	پْلَـيْن – طائرة plane	پْلان - خطة/ يخطط plan
مَـيْد - صَنَعَ made	مـاد - غضبان mad	پَـيْل – شاحب pale	پـال - صديق pal
جَـيْن Jane	جـان Jan	پْلَيْن – عادي plane	پْلان - خطة plan
كَـيْت Kate	كـات - قطة cat	كَـيْن – عصا للمشي cane	كـان - علبة can
سْنَـيْك - حية snake	سْنـاك – وجبة خفيفة snack	بَـيْك – يخبز bake	بـاك - ظهر back
شَـيْك - يهز shake	شـاك - كوخ shack	جَيْك Jake	جاك Jack
مَـيْك - يصنع make	مـاك Mack	لَـيْك – بحيرة lake	لاك - شحة lack

4. Long ā spelled with a (a´·ble)
The long ā is also spelled with a stressed (a´) at the end of a syllable.

◄ رابع طريقة لتهجي صوت ā الطويل هي في a´ كما في (أيْبِل a´·ble). والذي يجعل صوت ā طويل هنا هو كون الحرف a يقع في نهاية مقطع مُشدد (ملفوظ بقوة)، كما في هذه الكلمات:

a´→ā

أيْبِل - مقتدر a´·ble	تَـيْبِل - طاولة ta´·ble	كَـيْبِل - مُوَصِل ca´·ble	فَـيْتِل - مميت fa´·tal

أنفي na´·sal	نيسان A´·pril	صدرية a´·pron	أجنبي a´·li·en
مهد cra´·dle	خشب القيقب ma´·ple	ورقة pa´·per	وليد ba´·by
أمة na´·tion	هبة/ تبرع do·na´·tion	مَيْبِل Ma´·bel	أيْ A´

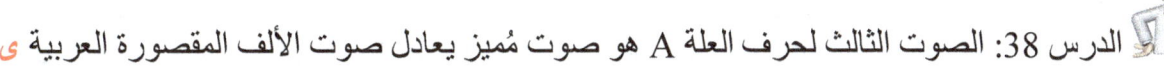

الدرس 38: الصوت الثالث لحرف العلة A هو صوت مُميز يعادل صوت الألف المقصورة العربية ى.

▸ The vowel (a) has a special sound that is spelled in these three ways: hall, saw, auto. Usually, the (all) occurs at the end of short words (tall) and the (al) occurs at the beginning or middle of words (always).

◂ الصوت الثالث لحرف العلة A هو صوت مُميز، وهو يعادل صوت الألف المقصورة العربية كما في صوت الـ aw في كلمة (لــى law). ويكتب هذا الصوت بثلاثة طرق وهي: al, aw, au. وعادة يكون all بآخر الكلمة القصيرة كما في (tall) وal في وسط أو في بداية الكلمة كما في (always).

1. The special sound of A spelled with "al" as in "also" or "all" as in "tall"

◂ الطريقة الأولى لتهجي هذا الصوت المُميز لحرف A هي كما في هذه الكلمات:

al→ىل

all→ىل

ىلْوَيْز - دائما al·ways	ىل – كل all	ىلموسْت - تقريبا al·most	ىلْصو - أيضا al·so
ىلْتَـوُر – يصلِح al·ter	وىلْتَـوُر Wal·ter	وىل نـَعَت - جوزة wal·nut	وىل - حائط wall
سىلْط – ملح salt	هىلْت – يضع حد halt	بىلْد - أصلع bald	فىلْص - خطأ false

وِثْدْ وْرى ل – سَحِبْ	تى ك- يتكلم	وى ك - يمشي	بى ل - كرة
with·draw·**al**	t**a***l*k	w**a***l*k	b**all**
بى لز – كرات	فى ل- يقع/ خريف	فى لز - شلالات	هى ل - هول
b**all**s	f**all**	f**all**s	h**all**
مى ل – مجمع سوق	مى لز – مجمعات	ستى ل - يعطل	إنْسْتى ل - ينصب
m**all**	m**all**s	st**all**	in·t**all**

Footb**all**

The foot·b**all** team play*e*d foot·b**all**. The foot·b**all** team went to the m**all** af·ter the gam*e*. The foot·b**all** team went to a b**all**·room danc*e*. The foot·b**all** team went throug*h* a sm**all** h**all**·way to get to the h**all**. The foot·b**all** team saw the tree leav*e*s f**all** in the f**all**.

W**al**ter

W**al**·ter was **al**·most a b**al**d-head·ed man. W**al**·ter was an **al**der·man. W**al**·ter was ha*p*·py to *k*now that the war had com*e* to a h**al**t. W**al**·ter's son, W**al**tz, was an **al**·tar boy. W**al**·ter **al**·ways t**a***l*k*e*d a·bout M**al**·ta to his son. W**al**·ter's car spew*e*d smok*e*. W**al**·ter need·ed to fix the **al**·ter·na·tor.

2. The special sound of **A** spelled with "**aw**" as in "l**aw**"

◂ الطريقة الثانية لتهجي هذا الصوت المُميز لحرف **A** هي في **aw** كما في (لى **law**):

aw→ى

لـى – قانون	دْ وْرى - يرسم	سْتْ وْرى - قصبة	وْرى - نِي
l**aw**	dr**aw**	str**aw**	r**aw**
سى – رأى/ ينشر	جى - فك	ثى - يذوب	پى – قدم الحيوان
s**aw**	j**aw**	th**aw**	p**aw**
يى ن - يتثاءب	دى ن – فجر	پى ن – يرهن	لى ن – حشيش
y**aw**n	d**aw**n	p**aw**n	l**aw**n
هى ك – صقر	شى ل - شال	ى نِنْـ – مظلة بناية	ى - رهبة
h**aw**k	sh**aw**l	**aw**n·ing	**aw***e*
ى سِم – رائع	ى كْوَ د – غير منتظم	كول سْلى – سلطة ملفوف	ى فُل - سيئ
aw*e*·some	**aw**k·ward	col*e*·sl**aw**	**aw**·ful

Dawn

Dawn ate raw veg·e·ta·bles. Dawn made cole·slaw. Dawn took the straw·ber·ries out of the freez·er to let them thaw. Dawn was awe·some. Dawn wasn't awk·ward. Dawn wan·ted to with·draw mon·ey from the bank. Dawn re·mem·bers when her son, Law·son, crawled. Dawn's son was a·ble to sprawl out his legs like a gym·nast.

3. The special sound of A spelled with "au" as in "auto"

◂ الطريقة الثالثة لتهجي هذا الصوت المُميز لحرف A هي في au كما في (ی‌تو auto):

au→ی

پـی‌ل Paul	هـی‌ل - ينقل haul	فی‌لت - خطأ fault	ڤـی‌لت - فولت vault
کـی‌ز - سبب cause	صـی‌س - صلصة sauce	تـی‌ت - علَّمَ taught	کـی‌ت - مسكَ caught
دی‌رَر - بنت daugh·ter	ی‌تو - سيارة au·to	ی‌گسْت - آب Au·gust	ی‌کْشِن - مزاد auc·tion
ی‌ثَر - كاتب au·thor	أصـی‌لت - تهديد as·sault	بِکـی‌ز – لأنهُ be·cause	فی‌سِت – حنفية fau·cet
وْرَسْتْوْرِی‌نْت - مطعم res·tau·rant	تـی‌وْرَس – برج الثور Tau·rus	لـی‌نْدْ وْري – غسيل laun·dry	گـی‌ز – شاش gauze
لـی‌نْج - يشن launch	لـی‌نْچْت- شنَ launched	هـی‌نْت - يُخيف haunt	هـی‌نْتْس - يخيف haunts

Paul

Paul hauled his so·fa to the auc·tion. Paul used an au·ger to re·pair his faul·ty kitch·en fau·cet. Paul took pre·cau·tions when he drove his au·to·mo·bile. Paul went to Aus·tra·lia in Au·gust and stayed there un·til au·tumn. Paul went to a res·tau·rant. Paul or·dered steamed cau·li·flow·er, sau·er·kraut, sau·sage, and some sauce. Paul's sauce was served on a sau·cer.

الدرس 39: الصوت الرابع لحرف العلة A هو حين ينحصر a بين w وr، ولفظه يصبح O (وورwar)

Another special sound of "a" is when the "a" is squished between a "w" and an "r" (war)

◀ الصوت الآخر المُميز لـ a هو حين ينحصر a بين w وr، ولفظه يصبح O كما في (وورwar).

w-a-r → w-o-r

وور - حرب war	وورْم - دافئ warm	وورْن – حذرَ warn	وورْت – قسِمْ wart
أوورْد - جائزة a·ward	وْرِ وورْد - مكافئة re·ward	وْرِ وورْدِد – كافأ re·ward·ed	وورْدِن – قسم war·den
فو ورْد - للأمام for·ward	باك ورْد - للوراء back·ward	كْـ وورَر – رُبع quar·ter	كْـ وورِل – شِجار quar·rel

الدرس 40: الصوت الخامس لحرف العلة A هو صوته الضعيف (beggar)

▸ As in "beggar", the sound of "a" is a weak sound that is barely heard. It's weak because it falls in a syllable that is not stressed. This weak sound of a vowel is called a "schwa" sound and its dictionary symbol is an upside-down "e" like this ə. Read these words that contain the schwa sound of "a" and notice that the stress is on the other syllables, but not on the syllable where the "a" is.

◂ الصوت الرابع لحرف العلة A هو الصوت الضعيف للحرف، وهو ضعيف لأنه يقع في مقطع غير مشدد (غير ملفوظ بقوة)، ويسمى هذا الصوت (شْوا schwa) ورمزه في القاموس هو هذا ə. ملاحظة طريفة هي أن الذين كتبوا اللغة الإنكليزية لم يحترموا حرف الـ a ولي أدلة عديدة مفصلة في كتاب آخر، وأحد الأدلة هنا هو كون معاني الكلمات التي فيها الصوت الضعيف لِـ a هي معاني غالبا ما تدل على الابتذال أو معاني لكلمات غير مرغوب بها:

a→ə

شحاذ	لص	مفرد	متشابه
beg′·gar	bur·glar	sin·gu·lar	sim·i·lar
مشهور	كذاب	مذبح الكنيسة	مبتذل
pop·u·lar	li·ar	al·tar	vul·gar
ملخص	سكرتير	منفصل	سكير
sum·ma·ry	sec·re·tary	sep·a·rate	drunk·ard

Homework

✎ Write two or more words for each sound and each spelling that contains:
1. Short ă as in ran, fat,
2. Long ā as in day,
3. Long ā as in main, fail,
4. Long ā as in fat*e*, bak*e*,
5. The special sound of "a" as in tall,
6. The special sound of "a" as in auto, Paul,
7. The special sound of "a" as in law, Dawn,

Chapter Five: الفصل السادس

Phonics made by the Vowel E
أصوات وتهجي حرف العلة E

▸ The vowel **E** has a short sound (met), a long sound (meat), a weak sound (carpenter), and other sounds.

◂ لحرف العلة E صوت قصير يعادل الفتحة العربية كما في (مَت met)، وصوت طويل كما في (مييت meat)، وصوت ضعيف لأنه يقع في مقطع غير مشدد كما في (پوِم poem)، وأصوات أخرى.

الدرس 41: الصوت الأول لحرف العلة E هو صوته القصير ĕ كما في كلمة (سَت set) 92

الدرس 42: الطريقة الثانية لتهجي الصوت القصير لحرف العلة E هي في ĕa كما في (هَد head) 94

الدرس 43: الطريقة الأولى والثانية لتهجي صوت ē الطويل كما في (meet) وكما في (meat) 96

الدرس 44: الطريقة الثالثة لتهجي صوت ē الطويل هي في e-e كما في (لَبَنيس Lebanese) 100

الدرس 45: الطريقتان الرابعة والخامسة لتهجي صوت ē هما في ie كما في chief وفي ei كما في receive 101

الدرس 46: الطريقتان السادسة والسابعة لتهجي صوت ē هما في ey كما في money وفي y كما في city 103

الدرس 47: الطريقتان الثامنة والتاسعة لتهجي صوت ē هما في e كما في me و i كما في ski 105

الدرس 48: الطريقة العاشرة لتهجي صوت ē الطويل هي في i-e كما في police 107

الدرس 49: الصوت الثالث لحرف العلة E هو صوته الضعيف، كما في hun·ter 108

الدرس 50: أصوات أخرى ثانوية وغير رئيسة لحرف العلة E 109

الدرس 41: الصوت الأول لحرف العلة E هو صوته القصير ĕ كما في كلمة (سَت set).

▸ The short ĕ is followed by one consonant (let) or two (letter). The short ĕ does not sound like the name of the letter E.

◂ رمز الصوت القصير لحرف العلة e هو ĕ ويتبع هذا الصوت حرف صحيح واحد (let) أو حرفان صحيحان (letter)، ولا يشبه هذا الصوت اسم الحرف E وهو يعادل صوت الفتحة العربية كما في (مَت met)، وكما في هذه الكلمات. ركز نظرك على حرف العلة حين تقرأ:

e→ĕ

مَت - التقى	سَت - طقم	بَت - يراهن	پَت – حيوان مدلل
met	set	bet	pet
مبلل	طبيب بيطري	لحد الآن	دَع
wet	vet	yet	let
طائرة	يحصل	عشرة	رجال
jet	get	ten	men
قلم	دجاجة	بَن	كَن
pen	hen	Ben	Ken
نعم	أقل	لخبطة	فستان
yes	less	mess	dress
شطرنج	يخمن	ضيف	أد
chess	guess	guest	Ed
تد	سرير	أحمر	غذّى
Ted	bed	red	fed
طبي	قادَ	أدمى	هربَ
med	led	bled	fled
تزوج	شبكة	خطوة	كنسَ
wed	web	step	swept
طباخ	يقول	وَقعَ	جرس
chef	tell	fell	bell
يبيع	خلية	جيد	يتهجى
sell	cell	well	spell

Jessica and Ed

Jes·si·ca and Ed were mar·ried ten years a·go in Feb·ru·ar·y. Jes·si·ca was a vet·er·i·nar·i·an, and Ed was a med·i·cal tech·ni·cian who couldn't spell. Jes·si·ca wan·ted Ed to go to school so he could spell the word vet·er·i·nar·i·an, but Ed had a prob·lem mem·o·riz·ing the spell·ing of long words. Ed tried man·y schools, but noth·ing worked for him.

One day, Ed de·cid·ed to read near·ly all the books that were writ·ten a·bout spell·ing. It was not un·til he read them all that he was a·ble to ex·plain why one sound could be spelled in so man·y dif·fer·ent ways. Ed was so proud to tell Jes·si·ca that her name had "ss" in it be·cause con·so·nants double af·ter the short ĕ. He al·so told her that the word vet·er·i·nar·i·an had six syl·la·bles in it.

Eddie's story

Ed's net in·come was not much, but Jes·si·ca cared a·bout Ed's es·sence and the fact that he was a good man. Ten days lat·er, Ed wrote Jes·si·ca a note. He still made some spell·ing er·rors, but he was im·prov·ing rap·id·ly. Ed kept bus·y writ·ing and he spent lots of time and ef·fort ed·it·ing the let·ters that he wrote to Jes·si·ca. Ed felt ver·y ded·i·cat·ed to his writ·ing. Jes·si·ca felt left out be·cause Ed kept writ·ing con·stant·ly. To prac·tice his spell·ing of the short ĕ sound, Ed·die wrote this sto·ry a·bout an el·e·phant: The el·e·phant stepped on an ant and fled. The el·e·phant's leg need·ed some rest. The el·e·phant crept in·to his bed. The el·e·phant wept un·til he slept.

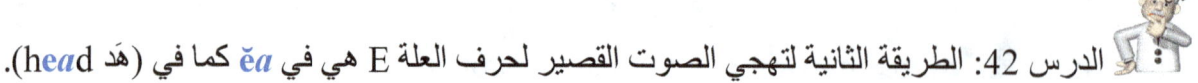

الدرس 42: الطريقة الثانية لتهجي الصوت القصير لحرف العلة E هي في ĕa كما في (هَد head).

▸ The short ĕ spelled with "ea" as in "lead" was created to tell a word like "lead" apart from "led", and once the "ea" pattern was created, English ended up spelling more words with it.

◂ لجأت الإنجليزية لنموذج ea ليمثل صوت e القصير كما في read وذلك لتمييز كلمتين مثل read وred، وما أن استخدمت الإنجليزية أي نموذج جديد، صارت تتهجى كلمات أخرى به. خذ وقتك حين تلفظ حرف العلة ولا تستعجل وتقفز لقراءة الحرف الصحيح، فالحرف الصحيح شبه صامت في آخر الكلمات الإنكليزية:

ea→ĕ

قرأ	رأس	مَيّت	خبز
read	head	dead	bread
خيط	ينتشر	فزع	مسبقا
thread	spread	dread	al·read·y
ثابت	بدلا عن	مادة الرصاص	مَوت
stead·y	in·stead	lead	death
نفَس	جلد	أب	مناخ
breath	leath·er	feath·er	weath·er
هذَ وْر	يعرق	بلوز صوفي	تهديد
Heath·er	sweat	sweat·er	threat
صحة	ثراء	تعامل	ثقيل
health	wealth	dealt	heav·y
أصم	مقياس	سرور	لطيف
deaf	meas·ure	pleas·ure	pleas·ant
أرض	مبكر	يتعلم	قلب
earth	ear·ly	learn	heard
يبحث	بحث	يبحث	قصد/ عنى
search	searched	search·es	meant

Heather

Heath·er liked warm weath·er. Heath·er had a leath·er coat. Heath·er liked clean·li·ness and used a fresh clean·ser to cleanse her sweat·shirts. Heath·er used a black thread to sew her sweat·er. Heath·er liked spread·ing but·ter on her bread. Heath·er took a breath of fresh air and head·ed to the mead·ow. Heath·er wore her sweats and went for her

Chapter Six

*ea*rly s*ea*rch of pl*eas*·ure. H*ea*th·er was mar·ried to an *ea*r·nest *Ea*rl and did not car*e* much for w*ea*lth. H*ea*th·er did not m*ea*s·ure pl*ea*s·ure with w*ea*lth. H*ea*th·er was in her own h*ea*v·en and was not j*ea*l·ous of any·one.

H*ea*th·er ex·pe·ri·enc*e*d sw*ea*t·ing when she work*e*d out on the tr*ea*d·mill. H*ea*th·er's wei*gh*t was lik*e* a f*ea*th·er be·for*e* hav·ing a ba·by. H*ea*ther's wei*gh*t was h*ea*v·i·er af·ter hav·ing a ba·by. H*ea*th·er d*ea*lt with her wei*gh*t al·r*ea*d·y. H*ea*ther's wei*gh*t was no thr*ea*t to her h*ea*lth. H*ea*th·er sto*pp*ed br*ea*st·feeding her ba·by *ea*r·ly.

As H*ea*th·er h*ea*d·ed hom*e* from re·h*ea*rs·al and was r*ea*d·y to pump un·l*ea*d·ed gas in her car, she felt an *ea*rth·quak*e*. La·ter on, H*ea*th·er h*ea*rd the wid*e*·spr*ea*d news a·bout the after·math of the dr*ea*d·ful *ea*rth·quak*e*.

H*ea*th·er's grand·father was a pl*ea*s·ant p*ea*s·ant who was d*ea*f in one ear. H*ea*th·er's grand·father was d*ea*d be·for*e* she was born. H*ea*th·er m*ea*nt to l*ea*rn and *ea*rn a de·gree. In·st*ea*d, H*ea*th·er was mar·ried *ea*r·li·er than she had pla*nn*ed. H*ea*th·er dr*ea*mt and had y*ea*rn·ing for l*ea*rn·ing. H*ea*th·er read st*ea*d·i·ly dai·ly.

Compare: قارن

red, r*ea*d   bred, br*ea*d   led, l*ea*d
herd, h*ea*rd   wh*e*th·er, w*ea*th·er

الدرس 43: الطريقة الأولى والثانية لتهجي صوت ē الطويل هي كما في (meet) وكما في (meat)

The long ē sounds like name of the letter E, and it is spelled in these ten ways: ee (meet), ea (meat), e-*e* (Pet*e*), ie (believe), ei (receive), ey (monkey), y (lucky), e (me), i (ski), i-*e* (elit*e*).

الصوت الثاني لحرف العلة E هو صوته الطويل ē ونكتبه بهذه الطرق العشرة:
meet, meat, concrete, believe, receive, monkey, lucky, he, ski, elite

1. The long ē spelled as in meet

▸ As in "meet", when the two vowels "ee" are walking, the first "e" does the talking and the second "e" is silent.

◂ الطريقة الأولى لتهجي صوت ē الطويل هي في ee كما في (مييت meet). رمز الصوت الطويل لحرف العلة e هو ē وصوته هو صوت اسم الحرف E نفسه. ويكتب هذا الصوت بعشرة طرق، وأول هذه الطرق هي ee كما في هذه الكلمات. والقاعدة هي كما في meet، حين يتجاور الحرفان ee، ينطق الأول أسمه e ويكون الثاني صامتا:

ee→ē

يلتقي	القدم	شمندر	شرشف
meet	feet	beet	sheet
شارع	حلو	يحيي	ديي
street	sweet	greet	Dee
يرى	نحلة	اجر	حُر
see	bee	fee	free
شجرة	ثلاثة	يحتاج	يغذي
tree	three	need	feed
ينزف دم	بذرة	يطعم نسل	الطمعْ
bleed	seed	breed	greed
مذهب	سرعة	جواد	ينجح
creed	speed	steed	suc·ceed
أسنان	يُخرج أسنان	عميق	يحفظ
teeth	teeth*e*	deep	keep
سيارة جيب	صوت المزمار	يتسرب	خروف
jeep	beep	seep	sheep
ينام	يكنس	أسبوع	يبحث
sleep	sweep	week	seek

يلقي نظرة خاطفة	يبدو	عزة النفس	يعوض
p**ee**k	s**ee**m	self-est**ee**m	re·d**ee**m
مراهق	مراهق	يتفحص بدقة	تفحصَ
t**ee**n	t**ee**n-ager	scr**ee**n	scr**ee**ned

Dee

Dee feels free on her farm. Dee is a pi·o·neer. Dee's an·i·mals are a deer, a sheep, and three bee·hives. Dee's bees are in her trees. Dee feeds her an·i·mals and keeps them from flee·ing. Dee eats cheese, beets, leeks, beef, and eel, but does not drink cof·fee.

Dee's ca·reer is en·gi·neer·ing, and she earned a de·gree in it. Dee pulls out the weeds be·fore plant·ing the seeds. Dee's wa·ter used to be free, but now she pays a fee. Eve·ry three weeks, Dee pays fif·teen dol·lars for wa·ter. Dee's wa·ter used to seep through a creek in·to her farm. Dee's ve·hi·cle is a green four-wheeled jeep. Dee does not drive o·ver the speed lim·it.

🗗Compare: قارن

| met, meet | fed, feed | slept, sleep | swept, sweep |

2. The long ē spelled as in meat

▸ As in "meat", when the two vowels "ea" are walking, the first one "e" does the talking and the second one "e" is silent.

◂ الطريقة الثانية لتهجي صوت ē الطويل هي في ea كما في (مييت meat). والقاعدة هي كما في meat، حين يتجاور الحرفان ea، ينطق الأول أسمه e ويكون الثاني صامتا:

◂ ea→ē

لحم meat	يأكل eat	مَقعد seat	يضرب beat
أنيق ومرتب neat	حرارة heat	يعامل treat	خميرة/ فطريات yeast
حنطة wheat	بحر sea	شاي tea	بازلاء pea
فستق سوداني pea·nut	يقرأ read	يقود lead	رخيص cheap
يحصد reap	ضعيف weak	قمة peak	منقار beak
بارد الطبع bleak	غريب الأطوار freak	يتسلل sneak	يتكلم speak
طوق الكلب leash	يعلم teach	كل واحد each	خوخة peach
يعفي من منصب im·peach	ساحل beach	قاصر bleach	يصل reach
يلحم الجرح heal	يسرق steal	عجل veal	وجبة meal
فريق team	حلم dream	قشطة cream	بخار steam
وليمة feast	وحش beast	حبة فاصولية bean	يعني/ خبيث mean
نظيف clean	عميد جامعة dean	قماش جنوي jeans	أذن ear
يسمع hear	صافي clear		

The Team

The team eats man·y meals. Each meal that the team has looks like a feast. The team eats meat, veal chops, steamed sea·food, beans, pea soup, wheat bread, pea·ches, and ice cream. The team's food is cooked with spe·cial sea·son·ings. The team's wheat bread has ver·y lit·tle yeast in it. The whole team drinks tea made from fresh tea·leaves.

The team ap·pears to be an i·de·al team. The team is not weak and does not have a weak soul. The team mem·bers do not like cheat·ing, steal·ing, squeal·ing, scream·ing, or beat·ing any·one. The team can be de·scribed with man·y ad·jec·tives. The team's ac·tions can be de·scribed by ad·verbs. The team mem·bers do not squeal or re·veal each oth·er's se·crets. The team acts as one and weaves i·de·as to·geth·er. The team likes to hear things with its own ears. The team mem·bers are not cheap·skates. The team is not mean in spir·it. The team is dear to all of us.

Compare: قارن

| met, meat | set, seat | net, neat | men, mean |

الدرس 44: الطريقة الثالثة لتهجي صوت ē الطويل هي في e-e كما في (لَبَنييس Lebanese)

3. The long ē spelled as in Pete

▸ As in "Pete", two vowels can still help each other when there is only one consonant between them. One consonant is too weak to keep the two vowels from helping each other.

◂ كما في Pete، وجود حرف صحيح واحد بين حرفي علة ضعيف ولا يشكل حاجز ثخين لمنع حرف العلة من الوصول لمد يد العون لحرف العلة الآخر، لذلك صوت الـ e طويل في Pete والـ t الواحد ضعيف.

e-e→ē

پيِيت Pete	يتنافس com·pete	كامل وتام com·plete
كونكريت con·crete	رياضي ath·lete	سْتييڤ Steve
إيِيڤ Eve	جيِين Gene	هنا here
مُجرد/ فقط mere	مُخلص sin·cere	هؤلاء these
ياباني Jap·a·nese	صيني Chi·nese	لبناني Le·ba·nese
فيتنامي Vi·et·nam·ese	فكرة الموضوع theme	مفرط بالتطرف ex·treme
يتدخل in·ter·vene	يسبق pre·cede	يشل im·pede

Pete

Pete does not like to com·pete with us. Pete likes to have com·plete i·de·as a·bout his sub·jects. Pete wants con·crete an·swers to his ques·tions. Pete is an ath·lete. Pete is not a disc·rete per·son. Pete wants to de·lete the whole file. Pete says that be·ing here means be·ing sin·cere a·bout do·ing your best. Be·ing here is to in·ter·fere with the at·mos·phere. Be·ing here means learn·ing to be co·her·ent.

Compare: قارن

pet, Pete	her, here	them, theme

Chapter Six

الدرس 45: الطريقتان الرابعة والخامسة لتهجي صوت ē هما في ie كما في chief وفي ei كما في receive

4. The long ē spelled as in chief

▸ As in "chief", the "ie" says long ē. Memorize this: **i** before **e** except after **c**.

◂ الطريقة الرابعة لتهجي صوت ē الطويل هي في ie كما في chief ويبدو أن في هذه الحالة حين يتجاور حرفا علة، ينطق الثاني اسمه ويكون الأول صامتا.

ie→ē

رئيس	لص	اعتقاد	إراحة
chief	thief	be·lief	re·lief
ملخص	أسى	يصدق	لصوص
brief	grief	be·lieve	thieves
يأسى	ينجز	ابنة أخ أو أخت	قطعة
grieve	a·chieve	niece	piece
يثقب آذان	شرس	بائع بدكان	رصيف ممتد بالبحر
pierce	fierce	cash·ier	pier
قسيس	حقل	ترس واقي	يخلي مكانه لـ
priest	field	shield	yield
فلم	سعرة حرارية	جاكي	جيني
mov·ie	cal·o·rie	Jack·ie	ge·nie

Chief

The chief had man·y be·liefs. For ex·am·ple, he be·lieved in a·chiev·ing jus·tice. The chief's mes·sage was brief, and the priest briefed every·one on it. When the thieves heard the chief's mes·sage from the priest, they yiel·ded to the chief and dropped their weap·ons. The chief re·trieved all of the thieves' weap·ons.

At the fron·tier by the pier, the chief, the thieves, the priest, and the ca·shier, who was the chief's niece, had a brown·ie, a cook·ie, a straw·ber·ry smooth·ie, fresh cher·ries, straw·ber·ries, and blue·ber·ries.

Compare: قارن

nice, niece   chef, chief

English Phonics for Arabic Speakers

5. The long ē spelled as in rece**ive**

▶ As in "rec**e**ive", the "**ei**" after "**c**" sounds like long ē, and we use "**ei**" instead of "**ie**" after "**c**" in a small number of words.

◀ الطريقة الخامسة لتهجي صوت ē هي في **ei** كما في rec**e**ive، وقبل تشريح اللغة الإنكليزية من قبل المؤلفة، كانت قاعدة التهجي الوحيدة المشهورة عالميا هي (**i** before **e** except after **c**) وهي قاعدة تعلم تهجي أقل من 30 كلمة. لذا نرى في هذه الكلمات cei وليس cie وكأنهم يقولون إياك أن تكتب ie بعد c:

ei → ē

سقف	يستلم	وصل/ فاتورة
ce**il**·ing	re·**c**e**i**ve	re·**c**e**i**pt

يخدع	يتصور	وهم
de·**c**e**i**ve	con·**c**e**i**ve	con·**c**e**i**t

مغرور	خداع	بروتين
con·**c**e**i**t·ed	de·**c**e**i**t	pro·**t**e**i**n

K**ei**th

K**ei**th lik**e**s to re·**c**e**i**ve let·ters in the mail. K**ei**th gives a re·**c**e**i**pt af·ter he re·**c**e**i**ves mon·**ey**. K**ei**th does not de·**c**e**i**ve him·self. K**ei**th is not con·**c**e**i**t·ed. K**ei**th says that pro·**t**e**i**n is found in meats and in dri**e**d beans. Dur·ing his l**ei**·sure tim**e**, K**ei**th **ei**·ther runs or rests.

الدرس 46: الطريقتان السادسة والسابعة لتهجي صوت ē هما في **ey** كما في mon**ey** وفي **y** كما في cit**y**

6. The long ē spelled as in monkey

▶ As in "mon**ey**", the "-**ey**" is only in a few <u>nouns</u> and it occurs only after a "k" as in "monk**ey**", after "l" as in "vall**ey**", and after one "n" as in "mon**ey**".

◀ الطريقة السادسة لتهجي صوت ē الطويل هي في **ey** كما في mon**ey**. وهذا الـ **ey** (فىِنِك phonic) هو في كلمات قليلة عددها حوالي 50 كلمة، وكل هذه الكلمات أسماء nouns وهي ليست أفعال ولا هي صفات. على أن يسبق هذا الـ(فىِنِك phonic) واحد من ثلاثة حروف فقط، وهم k أو l أو n واحد، كما نرى في هذه الكلمات:

ey → ē

قرد	حمار	ديك رومي	مفتاح
mon·**key**	don·**key**	tur·**key**	**key**

102

Chapter Six

نقود	عسل	كبد	محامي
mon·**ey**	hon·**ey**	kid·**ney**	at·tor·**ney**

مدخنة جدارية	وادي	زقاق بحديقة	كرة الطائرة
chim·**ney**	va*l*·**ley**	a*l*·**ley**	vo*l*·**ley**·ball

بقدونس	شعير	عربة الترام
pars·**ley**	bar·**ley**	tro*l*·**ley**

Mic**key**, Shir**ley**, and Rod**ney**

Mic·**key** has a **key** to the zoo. Mic·**key** us*e*d to be a disk jock·**ey**, and he play*e*d som*e* mu·sic at the zoo. The mon·**key**, don·**key**, and tur·**key** play*e*d hock·**ey**.

Shir·**ley**, Hen·**ley**, and Ke*l*·**ley** liv*e* in the va*l*·**ley**. They play vo*l*·**ley**·ball in the a*l*·**ley** near the tro*l*·**ley**. Shir·**ley** lik*e*s pars·**ley** in her beef bar·**ley** soup.

Rod·**ney**'s kid·**ney** is in·fect·ed from chim·**ney** smok*e*. Rod·**ney** went on a jour·**ney** a·way from that chim·**ney**. Rod·**ney** saw Dis·**ney**·land. Rod·**ney**'s jour·**ney** mad*e* his kid·**ney** feel be*t*·ter. Rod·**ney**'s a*t*·tor·**ney** says that mon·**ey** is hon·**ey**.

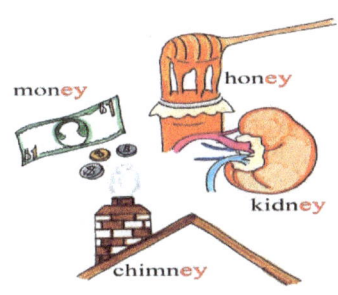

7. The long ē spelled as in lucky

▸ As in "city", the final "y" at the end of long words (two or more syllable words) sounds like ē.

◂ الطريقة السابعة لتهجي صوت ē الطويل هي في y كما في hap·py والقاعدة هي أن صوت y يصبح مثل صوت ē في نهاية الكلمات الطويلة، ذوات المقطعين او أكثر. أما إذا كانت الكلمة قصير ذات مقطع واحد، فيكون صوت الـ y مثل صوت ī. لاحظ كون الكلمات الآتية كلها ذات مقطعين أو أكثر:

y→ē

مدينة cit·y	حفلة/ حزب par·*t*y	فارغ em*p*·ty	مشغول bus·y
سعيد hap·py	دَني Den·ny	ببطء slow·ly	للأسف sad·ly
بجنون mad·ly	محظوظ luck·y	لحسن الحظ luck·i·ly	ذو مخاطر risk·y

الدرس 47: الطريقتان الثامنة والتاسعة لتهجي صوت ē هما في e كما في me و i كما في ski

8. The long ē spelled as in me

▸ As in “me´” and as in “me´·di·a”, one “e” at the end of a stressed syllable sounds like long ē.

◂ الطريقة الثامنة لتهجي صوت ē الطويل هي في e حين تكون e في نهاية مقطع مشدد، كما في me´

e´ → ē

نحن we´	هُوَ he´	هِيَ she´	كون be´
أنا me´	إعلام me´·di·a	مقبول de´·cent	فِدْيو vid·e´·o
ستريو ste·re´·o	فكرة i·de´·a	مُسلسل se´·ries	جدي se´·ri·ous
سِر se´·cret	فرصة الاستراحة re´·cess	بادئة الكلمة pre´·fix	الأنا e´·go
متساو e´·qual	كثير الحدوث fre´·quent	حق النقض ve·to	حُمى fe´·ver
بريد الكتروني e´·mail	إبليس e´·vil	نظرية the´·o·ry	مسرح the´·a·ter
منطقة ar·e´·a	حبة شباب ac·ne´	وصفة طبخ rec·i·pe´	علامة تحل محل المحذوف a·pos·tro·phe´
متحف mu·se·um			

9. The long ē spelled as in ski

▸ As in “ra·di·o”, the long ē sound can occur in “i” at the end of second or third syllables.

◂ عادة، يُكتب صوت ē في i بنهاية المقطع الثاني أو الثالث من الكلمة كما في ra·di·o وكما في هذه الكلمات:

i → ē

يتزحلق على الجليد ski	إعلام me·di·a	يسبق ra·di·o	أستوديو stu·di·o
ملعب رياضي sta·di·um	وسط/ متوسط me·di·um	سْپَـگدِيي spa·*ghet*·ti	ڤيزا vi·sa

English Phonics for Arabic Speakers

ماكرُوني	غريب/ أجنبي	أوتوبيس صغير	مادة
mac·a·ro·ni	a·li·en	min·i·bus	ma·te·ri·al

متسلسل	جدي	عالم خيالي تحقيقه	من خلال
se·ri·al	se·ri·ous	u·to·pi·a	vi·a

The Pianist

The pi·an·ist likes to eat rav·i·o·li, spa·ghet·ti, mac·a·ro·ni, and su·shi. The pi·an·ist was an a·li·en. The pi·an·ist came from Ma·li and went to Mis·sis·sip·pi and then to Mis·sou·ri. The pi·an·ist rode a min·i·bus to go to the stu·di·o and re·cord·ed his mu·sic for the ra·di·o. On his way home, the pi·an·ist saw the me·di·a crowd·ing by the sta·di·um. The me·di·a ap·peared se·ri·ous be·cause there was a se·ri·al kill·er near that sta·di·um.

الدرس 48: الطريقة العاشرة لتهجي صوت ē الطويل هي في i-*e* كما في polic*e*

10. The long ē spelled as in polic*e*

▸ As in "po·lic*e*", the long **ē** also occurs in a few words in this pattern (i + consonant + *e*):

◂ تأخذ i دور e في i-*e* في كلمات معدودة ممكن حفظها. وتنطبق عليها قاعدة الأصوات الثانية، كما في هذه الكلمات:

i-*e*→ē

نخبة e·lit*e*	حجم صغير pe·tit*e*	شرطي po·lic*e*	ماكنة ma·chin*e*
رووتين rou·tin*e*	مجلة mag·a·zin*e*	بنزين gas·o·lin*e*	بَحّارة ma·rin*e*
سيارة اللمازين lim·*ou*·sin*e*			

Janin*e*

Ja·nin*e* is a pe·tit*e* per·son. Ja·nin*e* comes from an e·lit*e* fam·i·ly. Ja·nin*e*'s fa·ther was in the ma·rin*e*, and he used to op·er·ate a sub·ma·rin*e*. Ja·nin*e* uses un·lead·ed gas·o·lin*e* in her lim·*ou*·sin*e*. Ja·nin*e* reads a mag·a·zin*e*. Ja·nin*e* eats a tan·ger·in*e*. Ja·nin*e* is mar·ried to a polic*e*·man.

الدرس 49: الصوت الثالث لحرف العلة E هو صوته الضعيف، كما في hun·ter

The weak sound of e called a schwa ə as in hun·ter

▸ As in "cemetery", the weak sound of the vowel "e" is weak because it falls in a syllable, which is not stressed, and it is called a schwa sound; its dictionary symbol is an upside-down "e" shape like this ə.

◂ الصوت الرابع لحرف العلة **e** هو الصوت الضعيف للحرف وهو ضعيف لأنه يقع في مقطع غير مشدد (غير ملفوظ بقوة)، ويسمى هذا الصوت (شْوا) schwa ورمزه في القواميس هو هذا ə. لاحظ في هذه الكلمات بأن المقطع الذي فيه الصوت الضعيف لا توجد عليه علامة تشديد:

e→ə

مقبرة	يربط الحزام	مُساق/ مُقاد	الخراط
cem·e·ter·y′	fas′·ten	driv′·en	tur′·ner
خيارة	صياد	شعر	الشعر
cu′·cum·ber	hun′·ter	po′·em	po′·et·ry
دليل للإثبات	تذكار	برئ	نشيد
ev′·i·dence	sou·ve·nir′	in′·no·cent	an′·them
عربة/ مقطورة	نجار	صيفي	طاقة
trail′·er	car′·pen·ter	sum·mer·y′	en·er·gy′
حَرْفي			
lit′·er·al			

Chapter Six

الدرس 50: أصوات أخرى ثانوية وغير رئيسة لحرف العلة E

▸ صوت **ei** هو كصوت **ā** الطويل في كلمات قليلة، كما في:

ei → ā

قطار شحن	يزن	وزن	ثمانية
fr**eigh**t	w**eigh**	w**eigh**t	**eigh**t

عهْد	وَريد	مالهم	جار
r**eig**n	v**ei**n	th**ei**r	n**eigh**·bor

برقع	بيجي اللون	الرنة	الزمام
v**ei**l	b**eig**e	r**ei**n·deer	r**ei**n

Compare: قارن

eight, at*e*   r**eig**n, r**ai**n   v**ei**n, v**ai**n

w**eigh**, w**ay**   w**eigh**t, w**ai**t   th**ei**r, ther*e*

▸ صوت **ea** في هذه الكلمات القليلة هو صوت **ā** الطويل:

ea → ā

عظيم	يلبس	فترة استراحة	شريحة لحم
gr**ea**t	w**ea**r	br**ea**k	st**ea**k

Compare: قارن

st**ea**k, st**ak**e   br**ea**k, br**ak**e   w**ea**r, w**ar**e, wher*e*

gr**ea**t, gr**at**e

English Phonics for Arabic Speakers

Homework

✎ Write two or more words for each sound and each spelling pattern that contains:

1. Short ĕ as in met, spell,
2. Short ĕ as in head, meant,
3. Long ē as in meet, see,
4. Long ē as in meat, team,
5. Long ē as in Pete, Japanese,
6. Long ē as in happy, lucky,
7. Long ē as in monkey, money, alley,
8. Long ē as in chief, believe,
9. Long ē as in receipt,
10. The "ei" as in neighbor, eight,

Chapter Seven: الفصل السابع

Phonics made by the Vowel I
أصوات حرف العلة I

▶ The vowel I has a short sound (sit), a long sound (site), a weak sound (testify), and other sounds.

◀ لحرف العلة I صوت قصير يعادل الكسرة العربية كما في (سِت sit) وصوت طويل كما في (سايْت site) وصوت ضعيف لأنه يقع في مقطع غير مشدد كما في (تَسْتَفاي testify) واصوات أخرى سوف تتم دراستها كلها في هذا الفصل.

الدرس 51: الصوت الأول لحرف العلة I هو صوته القصير ĭ كما في كلمة (سِت sit) 112

الدرس 52: الطريقة الثانية لتهجي صوت حرف العلة ĭ القصير هي في y كما في كلمة (جِم gym) 113

الدرس 53: الطرق الثلاثة الأولى لتهجي الصوت الطويل لـ ī هي كما في my, high, sign 115

الدرس 54: الطريقتان الرابعة والخامسة لتهجي الصوت الطويل لـ ī كما في bite, style 117

الدرس 55: الطريقة السادسة لتهجي الصوت الطويل لـ ī هي في y كما في cycle 119

الدرس 56: الطريقة السابعة لتهجي الصوت الطويل لـ ī كما في mild 120

الدرس 57: الطريقتان الثامنة والتاسعة لتهجي الصوت الطويل لـ ī كما في tie, dye 121

الدرس 58: الطريقة العاشرة لتهجي الصوت الطويل لـ ī كما في (دايَل di´·al) 122

الدرس 59: الصوت الثالث لحرف العلة I هو صوته الضعيف (tes´·ti·fy) 123

الدرس 50: الأصوات الأخرى الثانوية لحرف العلة I 123

الدرس 51: الصوت الأول لحرف العلة I هو صوته القصير ĭ كما في كلمة (سِت sit).

1. The short ĭ spelled as in sit

▸ The short ĭ does not sound like the letter I and it's followed by one consonant (fit) or two (fitter).

◂ رمز الصوت القصير لحرف العلة i هو ĭ ويتبع هذا الصوت حرف صحيح واحد (fit) أو حرفان صحيحان (fitter)، ولا يشبه هذا الصوت اسم الحرف I، وهو يعادل صوت الكسرة العربية كما في (جِم Jim).

i→ĭ

سِت - اجلس sit	بِت - عضَ bit	كِت - أدوات وتعليمات kit	لِت - يضيء lit
يضرب hit	حضيض pit	ملائم fit	براعة wit
هو للمجهول it	عملَ did	يناقص bid	أخفى hid
غطاء lid	صدرية طفل bib	تحرر lib	ضِلع rib
الورك hip	يرتشف sip	ارتشفَ si*pp*ed	الشفة lip
إكرامية tip	هو للمفعول him	خافِت dim	تِم Tim
جِم Jim	نادي للرياضة gym	إطار العجلة rim	رشيق slim
أكثر رشاقة slim·mer	حاوية bin	خطيئة sin	جلبة din
عشاء din*n*·ner	يفوز win	الفائز win*n*·ner	قرابة kin
زعنفة fin	صفيح tin	في in	فندق inn
يبدأ be·gin	بداية be·gin*n*·ning	ستة six	يخلط mix
يصلح fix	يبعثر القمامة lit*t*·ter	مُر bit*t*·ter	

الدرس 52: الطريقة الثانية لتهجي صوت حرف العلة ĭ القصير هي في y كما في كلمة (جِم gym).

2. The short ĭ spelled as in gym

▸ The short ĭ spelled with "y" as in "gym" may have been created to tell a word like "Jim" apart from "gym", and once the "y" pattern was created, English ended up spelling more words with it.

◂ في فصل سابق، سبق وأن تم شرح كون y تتحول إلى حرف علة في بعض الحالات، وهنا حرف y له صوت ĭ القصير نفسه كما في (جِم gym). وقد لجأت الإنكليزية لنموذج y ليمثل صوت ĭ القصير كما في gym وذلك لتميز كلمتين مثل gym وJim، وبما أن استخدمت الإنكليزية أي نموذج جديد، صارت تتهجى كلمات أخرى به كما في:

y→ĭ

جِم - نادي للرياضة	سِسْت - نمو لحمي	سِسْتِم - منظومة/ نظام	سِمْبِل - رمز
gym	cyst	sys·tem	sym·bol
أعراض	غموض	سِنْثيا	لِن
symp·toms	mys·ter·y	Cyn·thi·a	Lynn
فيزياء	اهتياج	عسر القراءة	محلل فكري
phys·ics	hys·ter·i·a	dys·lex·i·a	an·a·lyst
ينوّم مغناطيسيا	غجري	مِصر	هرَم
hyp·no·tize	gyp·sy	E·gypt	pyr·a·mid
نموذج الأكثرية	مقطع بكلمة		
typ·i·cal	syl·la·ble		

Compare: قارن

Jim, gym

Linda

Lin·da and Chris a·dopt·ed four·teen chil·dren, six boys and eight girls. The chil·dren's names were Rick, Mick, Nick, Dick, Mitch, Tim, Jim, Vick·y, Chris·ty, Cin·dy, Lil·ly, Jill, Lind·say, Lyd·i·a, and Nic·ole.

Linda and Chris lived in a ver·y big house and their chil·dren were ver·y hap·py. The chil·dren loved Un·cle Lynn and en·joyed all the things he did with them. Lynn and the kids were u·su·al·ly gig·gling and play·ing. They in·vent·ed their own games and played.

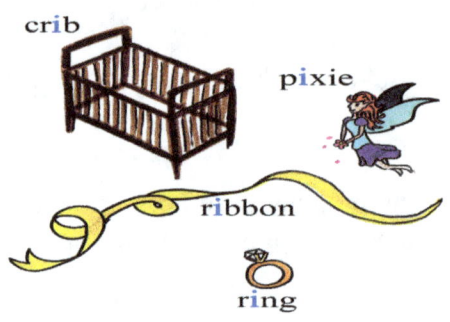

A·fter din·ner, the kids were read·y to play the phon·ics' game with Un·cle Lynn, and so they all start·ed to play:

Jill said, "Bill paid his bill."

Jim said, "Jim went to the gym."

Cindy said, "The ba·by's bib is in her crib."

Mitch said, "Which exit takes us to the witch's house?"

Lilly said, "Sib·yl has two syl·la·bles in her name."

Vicky said, "Sib·yl has six sib·lings."

Mick said, "You don't make prof·it by be·ing a proph·et."

Lydia said, "The kid needs help; he grew up on skid row."

Lynn said, "Skid row' is an id·i·om from Eng·lish slang."

Lilly said, "Are you ly·ing to me or are you ly·ing down?"

Dick said, "Lynn stayed in the same inn that I was in."

Vicky said, "There is a rip in my slip."

Lin·da said, "I dropped my pin in the bin."

Rick said, "I know the trick to help words stick."

Mitch said, "The chick·en is in the kitch·en."

Cindy asked, "Is a pix·ie a fair·y·like crea·ture?"

Jim said, "Take off your ring and wring out the clothes."

Vicky said, "To live I need to be a·ble to give."

Uncle Sid said, "Don't bid your mon·ey like I did!"

الدرس 53: الطرق الثلاثة الأولى لتهجي الصوت الطويل لـ ī هي كما في my, high, sign

The long ī sounds like the name of the letter I and it is spelled in these 10 ways we call spelling patterns: my, hig*h*, sign, bit*e*, styl*e*, cy´·cle, mild, ti*e*, dy*e*, hi

الصوت الثاني لحرف العلة I هو صوته الطويل ī ويكتب بعشرة طرق:
my, hig*h*, sign, bit*e*, styl*e*, cy´·cle, mild, ti*e*, dy*e*, hi

الطرق الثلاثة الأولى لتهجي الصوت الطويل لـ ī هي كما في my, hig*h*, sign

1. The long ī spelled as in my

▸ The "y" at the end of small one-syllable words becomes a vowel, and it sounds like the long ī.

◂ أول طريقة لتهجي الصوت الطويل لـ ī هي في y في نهاية الكلمات القصيرة كما في (مـــاي my)، وأحيانا في نهاية المقطع القصير، كما في هذه الكلمات:

y→ī

مــاي - ـي my	سْكاي - سماء sky	تْـ وْراي - يحاول try	فْـ وْراي - يقلي fry
يبكي cry	يابس dry	يحدق بتطفل pry	لماذا why
بجانب by	يشتري b*u*y	فتى g*u*y	خجول shy
ماكر sly	يرد على re·ply	يعتمد على re·ly	حليف *al*·ly

2. The long ī spelled as in hig*h*

▸ A silent "*gh*" after an "i" also makes the "i" long.

◂ ثاني طريقة لتهجي الصوت الطويل لـ ī هي i+*gh* كما في (نايْت nig*h*t)، وربما الذين كتبوا اللغة الإنكليزية خلقوا هذا النموذج لكي يميزوا بين كلمتين لهما الصوت نفسه ومعانيهم مختلفة، كلمتين مثل sig*h*t وsit*e*. كان المفروض أن يتهجوا الكلمتان بالطريقة نفسها والقاريء يميز بينهما من سياق الجملة، كما هو الحال في العربية. اقرأ هذه الكلمات بصوت عال:

i+*gh*→ ī

نايْت - ليل nig*h*t	نايْت - فرس *k*nig*h*t	سايْت - نظرْ sig*h*t	إنْسايْت - نفاذ البصيرة in·sig*h*t
ضوء lig*h*t	طفيف slig*h*t	لامع brig*h*t	صحيح rig*h*t

جاه/ ربما	مشدود/ ضيق	يحارب	رحلة طائرة
might	tight	fight	flight
عالي	فخذ	يتحسر	
high	thigh	sigh	

3. The long ī spelled as in sign

‣ A silent "g+n" after an "i" makes the "i" long, mainly in words that contain the word "sign".

◂ ثالث طريقة لتهجي الصوت الطويل لـ ī هو كما في sign حيث يكون حرف الـ g صامتا. لاحظ كون كلمة sign موجودة في داخل معظم الكلمات في هذه المجموعة، ومن الأفضل حفظ تهجي كلمة sign:

i+gn→ īn

ساي‌ْن - يوقع/ إشارة	ساي‌ْنْد - وَقّع	دِزاي‌ْن - يصمم	أسْاي‌ْن - يعين لمهمة
sign	signed	de·sign	as·sign
بضاعة بالتصريف	يستقيل	غير خطر	تسوية
con·sign·ment	re·sign	be·nign	a·lign·ment

Chapter Seven

الدرس 54: الطريقتان الرابعة والخامسة لتهجي الصوت الطويل لـ ī كما في bite, style

4. The long ī spelled as in site.

▸ The long ī is spelled with the (i + consonant + e) pattern. One consonant is too weak between two vowels.

◂ رابع طرق تهجي صوت ī هي i-e كما في (ســايْت site). وتنطبق هنا قاعدة كون حرفا علة يستمران في مد يد العون لبعضهما حين يكون بينما حرف صحيح واحد.

i-e → ī

بايْت - يعض	كايْت - طائرة ورقية	سايْت - موقع	پْلايْت - مؤدب
bite	kite	site	po·lite
أبيض	يكتب	نكاية	يرغب
white	write	spite	like
يتمشى	دراجة هوائية	جانب	يقرر
hike	bike	side	de·cide
يركب	فخرْ	عروس	مد وجزر
ride	pride	bride	tide
دليل	يختبيء	عريض	ناضج
guide	hide	wide	ripe
يزيل بالمسح	أنبوب	زوجة	حياة
wipe	pipe	wife	life
سكين	خمسة	يغطس	يسوق
knife	five	dive	drive
ميل	يبتسم	كومة/ يكوم	مَلَف
mile	smile	pile	file
وقت	ليمون أخضر	عشرة سنت	تسعة
time	lime	dime	nine
ممتاز	يُعَرِّف معنى	خط	عامود فقري
fine	de·fine	line	spine
نار	يؤجر المستخدم	عجلة	سِلْك
fire	hire	tire	wire
ثلج	حسن	يضحي	مرتان
ice	nice	sac·ri·fice	twice

English Phonics for Arabic Speakers

رُز	سعر	يشرح/ شريحة	يتبل
rice	price	slice	spice

يسوي بحل وسط	يفاجيء	حكيم	ينهض/ يعلو
com·pro·mise	sur·prise	wise	rise

يُعمم	يحفظ غيبا	يحلل فكريا	
gen·er·al·ize	mem·o·rize	an·a·lyze	

Mike

Mike liked to write. Mike's bride in·spired him to write. Mike had lots of pride in his bride. Mike and his wife had a fine life. Mike had a de·sire to ac·quire more know·ledge. Mike was wise. Mike seemed to know pre·cise·ly what to say. Mike was a·ble to con·cise·ly ex·press his thoughts. Mik's vice was that he was nice. Mike was u·su·al·ly a·ble to guide his own life.

Mike was at the prime of his life. Mike dropped a pile of files on the tile. Mike liked to hike. Mike went out·side for a bike ride. Mike had a white kite.

⊟Compare: قارن

bit, bite	kit, kite	sit, site
spit, spite	hid, hide	Sid, side
rid, ride	bid, bide	dim, dime
Tim, time	slim, slime	pin, pine
fin, fine	din, dine	dinner, diner

118

5. The long ī spelled as in sty*le*

▸ The long ī spelled with (y+ consonant +*e*). One consonant is too weak between two vowels (y-*e*).

◂ الطريقة الخامسة لتهجي الصوت الطويل لـ ī هي في y-e كما في (سْتايْل style)، وكما في هذه الكلمات:

y-*e*→ī

سْتايْل - نمط/ مودة	تايْپ - نوعية	آنالايْز - يحلل فكريا	پـاوْرَلايْز - يشل
sty*le*	typ*e*	an·a·lyz*e*	par·a·lyze
كايَل	لايَل		
Kyl*e*	Lyl*e*		

الدرس 55: الطريقة السادسة لتهجي الصوت الطويل لـ ī هي في y كما في cycle

6. The long ī spelled as in cy´·cle

▸ A stressed "y" as a vowel at the end of a first syllable sounds like long ī in these words:

◂ حين يقع y في نهاية أول مقطع مشدد، يكون له صوت ī كما في (سايْكِل cy´·cle)، وكما في:

y´→ ī

سايْ كِل - دورة	مايْ سِلْف - أنا نفسي	نايْ لان - نايلون	هايْ دْوروجِن - هيدروجين
cy´·cle	my´·self	ny·lon	hy·dro·gen
شديد الفعالية	الخط الواصل -	مجرى جانبي	من الكمبيوتر
hy·per	hy·phen	by·pass	cy·ber
سلالة حاكمة	ملئ قوة ونشاط	يموت	يطير
dy·nas·ty	dy·nam·ic	dy·ing	fly·ing
يتمدد/ يكذب	علم السوائل المتحركة		
ly·ing	hy·drau·lics		

الدرس 56: الطريقة السابعة لتهجي الصوت الطويل لـ ī كما في mild

7. The long ī spelled as in kind

▸ The author discovered that the consonants l, m, n, r, and s are semivowels. Because they have some sound of their own, they can sometimes act like vowels. In this case, they make the preceding "i" sound long in a small number of words.

◂ صنفت المؤلفة الحروف الخمسة l, m, n, r, and s على أنهم شبه حروف علة لان لهم بعض الصوت حين نلفظهم بدون لفظ حرف علة معهم. والذي يدعم هذه النظرية هو تأثير هذه الحروف الخمسة على حروف العلة التي تسبقهم. فهم مثلا يساعدون i ليكون صوته طويل، كما في (كـايْنْد kind)، وكما في هذه الكلمات:

i+semivowel

مايَلْد - غير حاد mild	وايَلْد - بري/ طائش wild	چـايَلْد - طفل child	پـايْنْت - رُبع pint
التاسع ninth	لطيف/ رحيم kind	يجد find	عقْل mind
يرتبط/ يُجلد bind	أعمى blind	يطحن grind	لحاء rind
تدوير الساعة wind	خلف be·hind	يتسلق clim*b*	المسيح Christ
جوقة choir			

Ninth Street
child
choir
pint
wild animals

الدرس 57: الطريقتان الثامنة والتاسعة لتهجي الصوت الطويل لـ ī كما في tie, dye

8. The long ī spelled as in tie

▸ When the two vowels "i" and "e" are next to each other (walking) in the same syllable, the "i" does the talking and the "e" is silent.

◂ الطريقة الثامنة لتهجي الصوت الطويل لـ ī هي كما في tie. فحين يتجاور حرفا علة في مقطع، ينطق الأول اسم الحرف، ويكون الثاني صامتا. فحين يتجاور ie كما في (تــاي tie)، ينطق الأول i اسمه ويكون الثاني e حرفا صامتا:

ie→ī

تاي - يربط tie	داي - يموت die	پـاي - فطيرة pie	لاي - يكذب lie
يعتقد be·lie	أساس لنظرية un·der·lie	كذب lied	ربطَ tied

9. The long ī spelled as in dye

▸ When the two vowels "y" and "e" are next to each other (walking), the first one "y" does the talking and the "e" is silent.

◂ الطريقة التاسعة لتهجي الصوت الطويل لـ ī هي كما في dye، إذ حين يتجاور حرفا العلة ye كما في (داي dye)، ينطق الأول اسم الحرف ويكون الثاني صامتا. ربما خُلق هذا النموذج للتميز بين تهجي كلمتين مثل dye و die:

ye→ī

داي - يصبغ dye	باي - مع السلامة bye	گُد باي - مع السلامة good-bye	باي باي - مع السلامة bye-bye
عين eye	محلول القلي lye		

Compare قارن

dye, die   bye, buy, by   eye, I   lye, lie

الدرس 58: الطريقة العاشرة لتهجي الصوت الطويل لـ ī كما في (دايَل di´·al)

10. The long ī spelled as in di´·al

▸ A stressed "i" at the end of a first syllable sounds like long ī.

◂ حين يقع حرف i في نهاية أول مقطع مشدد، يكون صوته طويل، كما في (دايَل di´·al)، وكما في:

i´→ī

هاي - هلو hi´	آي - أنا I´	آيْوَرن - حديد i´·ron	آيْ ديي آ - فكرة i´·de·a
نهائي fi´·nal	ألياف fi´·ber	يدير قرص التلفون di´·al	نظام غذائي/ ريجيم di´·et
طيار pi´·lot	عينة تجريبية/ محاكمة tri´·al	علم الأحياء bi´·ol·o·gy	منحاز bi´·as
دراجة bi´·cy·cle	ثنائي اللغة bi´·lin·gual	ثلاثي اللغة tri´·lin·gual	خاص pri´·vate
يوم الجمعة Fri´·day	أزمة cri´·sis	كذاب li´·ar	أسد li´·on
إجازة/ رخصة li´·cense	كماشة صغيرة pli´·ers	عملاق gi´·ant	هادىء qui´·et
الصين Chi´·na	صامت/ غير ملفوظ si´·lent	جيوب تنفسية si´·nus	عامل محدث للمرض vi´·rus
عِلم sci´·ence	داء النسيان Alz·*hei*´·mer	الكمان vi´·o·lin	عنيف vi´·o·lent
عُنف vi´·o·lence			

الدرس 59: الصوت الثالث لحرف العلة I هو صوته الضعيف (tes´·ti·fy)

The weak schwa sound of "i" as in testify

▸ The weak schwa sound of "i" is weak because the "i" falls in a syllable that is not stressed.

◂ في هذه الأمثلة يعد صوت الـ I صوتا ضعيفا وغير مسموع جيدا، وذلك لأنه يقع في مقطع غير مُشدد، لاحظ علامة التشديد على مقاطع أخرى لكنها ليست على المقطع الذي يقع فيه الحرف i:

i→ə

تَسْتِفاي - يدلي بشهادة tes´·ti·fy	سِوَسايْد - انتحار su·i·cide´	آلِموني - نفقة الطلاق al´·i·mo·ny	ماكْسِمَم - الحد الأقصى max´·i·mum
الحد الأدنى min´·i·mum	تحليل a·nal´·y·sis	مجهول المصدر a·non´·y·mous	ابن أو ابنة العم والعمة أو الخال والخالة cous´·in

الدرس 60: الأصوات الأخرى الثانوية لحرف العلة I

The special sounds of "i" as in: social

▸ The minor sounds of the vowel I are when the "i" is not a vowel, as in:

◂ في هذه الأمثلة القليلة لا يعد صوت الـ I صوت حرف علة، بل يلتصق بحروف أخرى ليكوّن أصوات جديدة.

si, ci, ti→ش

مِشِن - مهمة mis·sion	آكْشِن - فعل/ حركة ac·tion	مْيوزِشِن - موسيقار mu·si·cian	أپْـرِيشِيايْت - يشكر ويكون ممنونا ap·pre·ciate
فاشية fas·cism	أساسي وجوهري sub·stan·tial	عاطفة/ ولع pas·sion	صَبر pa·tience
مريض/ صبور pa·tient			

di→ج

صولْجَـِرْ جندي
sol·dier

si→ژ

قِڤِژن - بصر/ نظر/ رؤيا
vi·sion

تـلـَڤِژِن - تلفاز
tel·e·vi·sion

سوپـَ وُر ڤِژِن - إشراف/ مراقبة
su·per·vi·sion

i=y→يـَ

أنْيَن - بصل
on·ion

يونْيَن - نقابة/ اتحاد
un·ion

بييهَيْڤِـي - سلوك
be·hav·ior

جوونْيَـ - أصغر/ أحدث
jun·ior

أكبر/ أسبق
sen·ior

خدمة أسبقية بالعمل
se·nior·i·ty

مألوف
fa·mi·liar

متميز
pe·cu·liar

عبقري
gen·ius

Homework

✍Write two or more words for each sound and each spelling pattern that contains:

1. Short ĭ as in sit, spill,
2. Long ī as in site, Mike,
3. Long ī as in sight,
4. Long ī as in sky,
5. Long ī as in tie,
6. Long ī as in sign,
7. Long ī as in dial,

Chapter Eight: الفصل الثامن

Phonics made by the Vowel O

أصوات حرف العلة O

▸ The vowel O has a short sound (hop), a long sound (hope), a weak sound (tailor), and some special sounds.

◂ لحرف العلة O صوت قصير يعادل الألف المقصورة العربية لكما في (هــيپ) hop وصوت طويل كما في (هوپ) hope وصوت ضعيف لأنه يقع في مقطع غير مشدد كما في (تَـيلَـ) tailor وأصوات أخرى.

الدرس 61: الصوت الأول لحرف العلة O هو صوته القصير ŏ كما في كلمة (هــــت hot) 126

الدرس 62: الطرق الثلاث الأولى لتهجي صوت ō الطويل هي كما في coat, Joe, four 127

الدرس 63: الطريقة الرابعة لتهجي صوت ō الطويل هي كما في hope 131

الدرس 64: الطريقة الخامسة لتهجي صوت ō هي كما في slow 133

الدرس 65: الطريقة السادسة لتهجي صوت ō هي كما في o´·pen 134

الدرس 66: الطريقة السابعة لتهجي صوت ō الطويل هي كما في for, cold, post, comb 135

الدرس 67: الطريقتان الثامنة والتاسعة لتهجي صوت ō هما كما في boy, boil 137

الدرس 68: الصوت الثالث لحرف العلة O هو صوته الضعيف كما في fa´·vor 139

الدرس 69: الصوت الرابع لحرف العلة O هو صوته المُميز كما في cow أو في out 140

الدرس 70: أربعة أصوات أخرى ثانوية لحرف O كما في wood 141

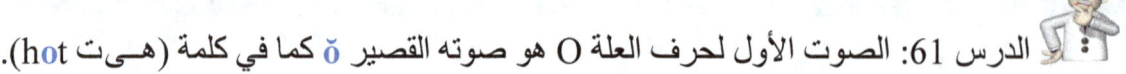

الدرس 61: الصوت الأول لحرف العلة O هو صوته القصير ŏ كما في كلمة (هــىت hot).

▸ The short ŏ does not sound like the name of the letter O, and it is followed by one consonant (stop) or two consonants (stopped).

◂ رمز الصوت القصير لحرف العلة O هو ŏ ويتبع هذا الصوت حرفا صحيحا واحدا (hot) أو حرفان صحيحان (hotter)، ولا يشبه هذا الصوت اسم الحرف O وهو يعادل صوت الألف المقصورة العربية ى كما في (هىت hot) وكما في هذه الكلمات:

o→ŏ

نىت - ليس not	هىت - حار hot	پىت - قِدر pot	دىت - نقطة dot
قطعة أرض lot	يدوّن باستعجال jot	حصل got	يقفز/ يثب hop
وثبَ hopped	قمة top	ممسحة ارض/ يمسح mop	قف/ يقف stop
وقف stopped	وقوف stop·ping	يفرم chop	يتسوق/ ورشة shop
تسوقَ shopped	عملْ job	يسرق rob	سرقَ robbed
لص rob·ber	موضوع/ مفعول به ob·ject	مشكلة/ مسألة رياضية prob·lem	بىب Bob
هواية hob·by	متعجرف snob	عجرفة snob·bish	تىد Todd
غريب الأطوار odd	يومئ برأسه nod	أخدود مستقيم pod	تىم Tom
ماما mom	فارزة com·ma	رىن Ron	على on
غير non-	يعدو jog	عدى/ ركضَ jogged	يسجل بسجل log
سجلَ logged	حوار بين اثنين أو أكثر di·a·logue	مقفول locked	جورب sock
صندوق box	ثعلب fox	مبيت lodge	يراوغ dodge

الدرس 62: الطرق الثلاث الأولى لتهجي صوت ō الطويل هي كما في coat, Joe, four

The long ō sounds like the name of the letter O and it is spelled in these nine ways: boat, toe, soul, hope, slow, go, cold, boy, boil

الصوت الثاني لحرف العلة O هو صوته الطويل ō ويكتب بهذه الطرق التسعة:

boat, toe, soul, hope, slow, go, cold, boy, boil

1. The long ō spelled in oa as in coat

▸ When the two vowels "oa" are walking, the first one "o" does the talking by saying its own letter name O. Saying that the O is long means that it can say the name of the letter O.

◂ الصوت الطويل لـِ ō كما في coat: رمز الصوت الطويل لحرف العلة o هو ō وصوته هو صوت اسم الحرف O نفسه. ويكتب هذا الصوت بتسعة طرق، وأول هذه الطرق هي oa كما في (كـوت coat)، والقاعدة هنا هي عندما يتجاور حرفا علة ينطق الأول اسمه ويكون الثاني صامتا، كما في هذه الكلمات:

oa→ō

بوت - قارب	كوت - معطف	گوت - معزة	بلعوم - ثْرُوت
boat	coat	goat	throat
يطفو	شوفان	قَسَم	حِمِل
float	oat	oath	load
محمل	يحمِل	ذكر الضفدع	طريق
loaded	up·load	toad	road
عصا الراعي	قرض	جون	رغوة
goad	loan	Joan	foam
صابون	ينقع	انقعَ	مدرب
soap	soak	soaked	coach
صرصور	يدنو	هدف	فحم حجري
roach	ap·proach	goal	coal
مياه ضحلة	رغيف	خبز محمص	لحم مطبوخ
shoal	loaf	toast	roast
ساحل	صوت أجش	لوح خشبي/ مجلس	يرتفع
coast	hoarse	board	soar

Joan

Joan eats oat·meal, poached eggs, roast beef, toast from a fresh loaf of bread, and sips on an ice-cream float. Joan felt bloat·ed af·ter she ate. Joan had a pet toad and a goat. Joan's broth·er had a goat·ee.

Joan's coat was in her boat. Joan had a sore throat. Joan dropped her oar in the wa·ter. Joan soaked her cloak in soap and wa·ter. Joan slipped on the foam and fell. Joan roared with pain when she fell. Joan's pain caused her to moan and groan. Joan used to skate·board on the board·walk be·fore she fell.

Joan was from the East Coast. Joan asked her coach to loan her his air·plane. The coach was writ·ing the les·son plan on the chalk·board, and he got nerv·ous and stepped on a roach.

Compare: قارن

got, goat   cot, coat   Todd, toad
Rod, road   John, Joan   sock, soak
cost, coast   horse, hoarse   bored, board
sore, sore

2. The long ō spelled in *oe* as in J*oe*

▸ When the two vowels "*oe*" are walking, the first one "o" does the talking by saying its own letter name O. Saying that the O is long means that it can say the name of the letter O.

◂ الصوت الطويل لـِ ō كما في J*oe*: رمز الصوت الطويل لحرف العلة o هو ō وصوته هو صوت اسم الحرف O نفسه. ويكتب هذا الصوت بتسعة طرق، وثاني هذه الطرق هي *oe* كما في (تـو t*oe*)، والقاعدة هي عندما يتجاور حرفا علة ينطق الأول اسمه ويكون الثاني صامتا:

oe→ō

تو - إصبع القدم	يمشي على أصابع قدمه	جو	فو - خصم
t*oe*	tip·t*oe*	J*oe*	f*oe*
جليد	الويل	ألم مبرح	أنثى الظبي
fl*oe*	w*oe*	thr*oe*	d*oe*
مجرفة	برقوق السياج	سائل الصبار	مزمار
h*oe*	sl*oe*	al·*oe*	o·b*oe*

oboe
sloe
roe
hoe

Compare: قارن

t*oe*, t**ow**	fl*oe*, fl**ow**	thr*oe*, thr**ow**	sl*oe*, sl**ow**

3. The long ō spelled in *ou* as in fo*u*r

‣ As in "fo*u*r", when the two vowels "*ou*" are next to each other (walking), the first one "o" does the talking and the second one "u" is silent.

◂ الصوت الطويل لـِ ō كما في fo*u*r: الطريقة الثالثة لتهجي صوت ō الطويل هي في *ou* كما في (يـور yo*u*r). فكما في كلمة yo*u*r حين يتجاور حرفا علة، ينطق الأول اسمه ويكون الثاني صامتا:

ou→ō

فو - أربعة	يو - ك	پو - يسكب	يندب
fou*r*	you*r*	pou*r*	mou*r*n
روح	كِتِف	مصدر	مصادر
soul	shoul·de*r*	sourc*e*	re·sourc*e*
فصل دراسي/ مسلك	محكمة/ ساحة لعب	عجين	شامل
cours*e*	court	dou*gh*	thor·ou*gh*

Compare: قارن

four, for soul, sol*e* your, yor*e*

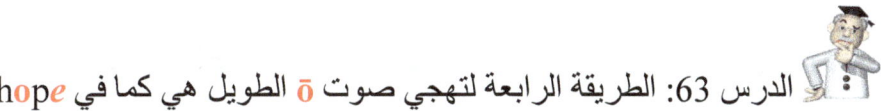

الدرس 63: الطريقة الرابعة لتهجي صوت ō الطويل هي كما في hop*e*

4. The long ō spelled as in hop*e*

▸ As in "hop*e*", the two vowels "o-*e*" can still help each other as if the one "p" between them did not exist. One weak consonant between two vowels is like having no consonant. The first vowel "o" does the talking by being a long ō and the "e" is silent.

◂ رابع طريقة لتهجي صوت ō الطويل هي في o-*e* كما في (هــوپ hop*e*)، والقاعدة هنا هي أن حرفي العلة o-*e* يستمران في مد يد العون لبعضهما رغم وجود حرف صحيح واحد بينهما، فالحرف الصحيح الواحد بين حرفي علة ضعيف ولا يستطيع أن يشكل حاجزا مانعا بين حرفي علة:

o-*e*→ō

هوپ- أمل	وْروپ- حبل	موپ- يتباكى	يتعايش مع مشكلة
hop*e*	rop*e*	mop*e*	cop*e*
بابا الكاثوليك	مدى	نكتة	كسرَ
pop*e*	scop*e*	jok*e*	brok*e*
تكلمَ	كوكا كولا	يختنق	يدخن
spok*e*	Cok*e*	chok*e*	smok*e*
ضربة/ سكتة دماغية	ثوب	كرة أرضية	ملاحظة
strok*e*	rob*e*	glob*e*	not*e*
يصوت	كتبَ	مقولة مقتبسة	برج الحمام
vot*e*	wrot*e*	quot*e*	cot*e*
بعيد	يرقي	يخرف	شفرة
re·mot*e*	pro·mot*e*	dot*e*	cod*e*
صيغة	ينفجر	سلسلة مترابطة	مدينا له
mod*e*	ex·plod*e*	ep·i·sod*e*	ow*e*
عرش	هاتف	نبرة صوت	حجر
thron*e*	phon*e*	ton*e*	ston*e*
مخروط البوظة	عظم	استنساخ الأحياء	وحدة
con*e*	bon*e*	clon*e*	a·lon*e*
منطقة مطوقة	بيت	روما	أنف
zon*e*	hom*e*	Rom*e*	nos*e*
خرطوم مياه	اختارَ	وردة جوري	وضع /يطرح سؤال
hos*e*	chos*e*	ros*e*	pos*e*

يفترض	المُرفق	يسد	ملابس
sup·pose	en·closed	close	clothes
جرعة الدواء	نوم خفيف	تجمدّ	ساقَ
dose	doze	froze	drove
بستان	جهاز للطبخ	دَور	إطلاق صراح مشروط
grove	stove	role	pa·role
ثقب/ حفرة	كامل وتام	عامود	وحده
hole	whole	pole	sole

Rose

Rose chose to close her door. Rose wore her robe. Rose couldn't smell the ro·ses be·cause her nose was plugged. Rose made spa·ghet·ti sauce and froze it. Rose spoke on the phone. Rose wore nice co·logne. Rose drove to the cove.

Rose chose not to stay in her old com·fort zone. Rose said, "stay·ing in a com·for·ta·ble zone for a long time can cause a per·son to de·te·ri·o·rate." Rose stud·ied the his·to·ry of man·kind since the Stone Age. Rose was con·cerned a·bout the fu·ture of our globe and the o·zone lay·er.

Rose was of·ten a·lone but not lone·ly. Rose's whole fam·i·ly was hon·est. Rose played a good role in help·ing her fa·ther in his old age. Rose was a good role mod·el for her sib·lings as they were grow·ing up.

Compare: قارن

hop, hope	hopping, hoping	mop, mope
cop, cope	pop, pope	not, note
dot, dote	cot, cote	rob, robe
cop, cope	cod, code	com·ma, co·ma
jock, joke	Ross, rose	Sol, sole, soul
throne, thrown		

الدرس 64: الطريقة الخامسة لتهجي صوت ō هي كما في slow

5. The long ō a spelled in ow as in slow

- As in "snow", the "ow" makes the long ō sound.

- خامس طريقة لتهجي صوت ō الطويل هي في ow كما في (سْلو slow):

ow→ō

سْنو - ثلج طبيعي	شو - يُري/ يعرض	سو - يبذر الحبوب	تو - يسحب السيارة
snow	show	sow	tow
يَعلَم	صف	ينمو	قوس
*k*now	row	grow	bow
يحصد الحشيش	واطيء	ببطء	يفيض
mow	low	slow·ly	flow
يشع	ينفخ	يرمي	أصفر
glow	blow	throw	yel*l*·low
وسادة	يتبع	يبلع	ضيّق
pil*l*·low	fol*l*·low	swal*l*·low	nar*r*·row
غدا	معروف	معروض/ مكشوف	يمتلك
to·mor*r*·row	*k*nown	shown	own
إناء عميق			
bowl			

Compare: قارن

tow, to*e*	flow, flo*e*	throw, thro*e*
thrown, thron*e*	*k*now, no	sow, so
slow, slo*e*	slow, slaw	

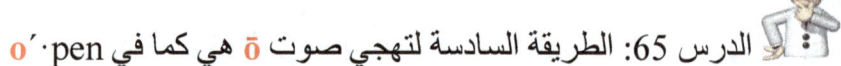

الدرس 65: الطريقة السادسة لتهجي صوت ō هي كما في o´·pen

6. The long ō spelled with o´ as in o´·pen

▸ The stressed o´ at the end of a syllable makes a long ō sound.

◂ حين يقع حرف o´ في نهاية مقطع مُشدد، يكون صوته طويلا كما في (نو no´)، وكما في (o´·pen) وكما في هذه الكلمات:

o´→ō

نو - لا no´	سو - كذا so´	سو سو - لا بأس به so´-so´	گو - يذهب go´
هَلو للتحية hel·lo´	منفرد so´·lo´	لعبة اليويو yo´-yo´	صفر ze·ro´
بطَل he·ro´	مُقدمة in·tro´	صورة pho·to´	سيارة au·to´
حق النقض ve·to´	يفتح o´·pen	حسنا o´·kay	رائحة كريهة o´·dor
المتبرع do´·nor	شِعر po´·et·ry	دافع mo´·tive	حركة mo´·tion
يلاحظ/ بلاغ no´·tice	نبيل no´·ble	نوبل No´·bel	قنفة / كنفة so´·fa

Compare: قارن

no, *k*now   so, sow

الدرس 66: الطريقة السابعة لتهجي صوت ō الطويل هي كما في for, cold, post, com*b*

7. The long ō spelled with o + semivowel as in post

▸ Being that the l, m, r and s are semivowels, they can sometimes act like vowels and make the preceding "o" a long ō.

◂ أحيانا اشباه حروف العلة تسلك سلوك حرف علة وتساعد حرف العلة الذي بعدها، فحين يتبع حرف العلة O شبه حروف علة مثل l, m, n, s, r قد يصبح صوته طويلا، كما في هذه الكلمات:

ōr

فو - لأجل	فو وْري - أربعين	فـوْرَم - استمارة	فو مَل – رسمي
for	for·ty	form	for·mal
زاوية	طلَبْ	اعتيادي	شُرفة
cor·ner	or·der	nor·mal	porch
شعلة	مطار	قصير	رَب
torch	air·port	short	lord
وتَر	سداد فليني	شوكة	مولود
cord	cork	fork	born
ذُرة	حصان	يجبر / قوة	أجبرَ
corn	hors*e*	forc*e*	forc*e*d

ōl

قديم	بارد	ذهبْ	يمسك/ يحمل
old	cold	gold	hold
قال	جَسور	يطوي	باع/ مبيوع
told	bold	fold	sold
جندي	مسمار مصمول	يحرك سهم الحاسوب	مركز الاقتراع
sol·dier	bolt	scroll	poll
جزية	دَوْر	يدرج اسمه	يسيطر
toll	roll	en·roll	con·trol
مُبتلع	صفار البيض	شعبي	رقصة بولونية
swo*l*·len	yo*l*k	fo*l*k	pol·ka
صناعة التنجيد			
up·*hol*·ster·y			

ōs

أغلب	يلصق إعلان	مُضيف الضيوف	مضيفة الضيوف
most	post	host	host·ess
شبح	ربح غير صاف/ فظ	أجرة البريد	نعامة
g*h*ost	gross	post·ag*e*	os·trich
أسبستوس			
as·bes·tos			

ōm

مشط/ يُمشط

com*b*

Compare: قارن

roll, rol*e* poll, pol*e*, Paul scroll, scrawl

الدرس 67: الطريقتان الثامنة والتاسعة لتهجي صوت ō هما كما في boy, boil

8. The long ō spelled with oy as in boy

▸ The sound of "oy" as in "boy" and the "oi" as in "boil" is a special sound of long ō sound. Usually, the "oy" is at the end of words, and the "oi" is inside words.

◂ ثامن وتاسع طريقة لكتابة صوت ō الطويل هي في oy أو oi كما في (بوي boy) وفي (بويَل boil). عادة نستخدم oy في نهاية الكلمة أو في نهاية المقطع، وأحيانا في بعض أسماء العلم بداخل المقطع (oys·ter)، لكننا نستخدم oi بداخل الكلمة أو المقطع، كما في هذه الكلمات:

ōy→ عوي

بوي - صبي boy	صلصة الصويا soy	دمية/ لعبة toy	طروادة troy
متعة joy	يتمتع en·joy	رُوي Roy	يستخدم em·ploy
ينشر الجُند de·ploy	يحطم des·troy	مُخلص/ مُوالٍ loy·al	يزعج/ يضايق an·noy

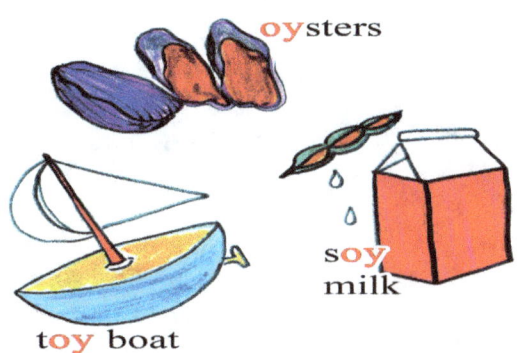

English Phonics for Arabic Speakers

9. The long ō spelled with **oi** as in b**oi**l

عوي ← ōi

عويَل - زيت/ نفط **oi**l	بويَل - يغلي b**oi**l	تويَل - يكدح t**oi**l	كويَل - سلف موصل c**oi**l
رقاقة معدنية f**oi**l	تربة s**oi**l	يتلف sp**oi**l	يشوي br**oi**l
قطعة معدنية c**oi**n	ينظمَ لِ j**oi**n	خاصرة l**oi**n	مفاصل j**oi**nts
نقطة اساسية p**oi**nt	يُبطل v**oi**d	يتجنب a·v**oi**d	صوت v**oi**ce
اختيار ch**oi**ce	ضوضاء n**oi**se	سَم p**oi**·son	رطب m**oi**st

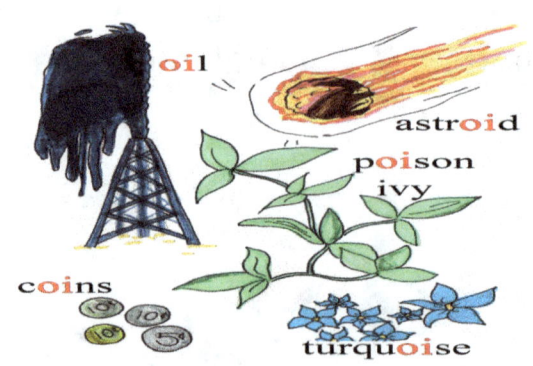

📯Compare: قارن

b**oy**, b**oi**l   s**oy**, s**oi**l   t**oy**, t**oi**l   c**oy**, c**oi**l
j**oy**, j**oi**n

الدرس 68: الصوت الثالث لحرف العلة O هو صوته الضعيف كما في fa′·vor

▸ The unstressed, weak sound of "o" is called a schwa sound ə, and it is barely heard because it falls in a syllable that is not stressed.

◂ الصوت الثالث لحرف العلة O هو صوته الضعيف، وهو ضعيف ولا نسمعه جيدا لأنه يقع في مقطع غير مُشدد، كما في هذه الكلمات:

o→ə

حاكم مدينة gov′·er·nor	متبرع do′·nor	بائع ven′·dor	ماكينة الحلاقة ra′·zor
فضل/ يفضل fa′·vor	ملاح/ بحار sail′·or	خياط tai′·lor	ناصح/ مستشار coun′·sel·or
عضو مجلس coun′·cil·or	أستاذ جامعي pro′·fes·sor	تربوي ed·u′·ca·tor	يحصل ob·tain′
رأي/ وجهة نظر o·pin′·ion	يستجدي so·lic′·it	ذاكرة mem·o·ry′	بغيض ob·nox′·ious
ورقة الاقتراع bal′·lot			

الدرس 69: الصوت الرابع لحرف العلة O هو صوته المُميز كما في cow أو في out

▸ The vowel "o" has a special sound that is spelled in "ow" as in "flower" or in "ou" as in "flour".
◂ الصوت الرابع لـ O هو صوته المُميز والذي يكتب بطريقتين، كما في (آوت out) أو كما في (كاو cow).

1. The special sound of "o" as in flower

ow→آو

كاو - بقرة	هاو - كيف	ناو - الآن	پْلاو - محراث
cow	how	now	plow
ينحني خشوعا	قوة	منشفة	حرف علة
flow·er	pow·er	tow·el	vow·el
قلنسوة الراهب	لحم طيور	يهر الكلب	جماهير
cowl	fowl	growl	crowd
يغرق	قلب المدينة	يأخذ دوش/ مطر	برج
drown	down·town	show·er	tow·er

2. The special sound of "o" as in flour

ou→آو

فْلاوَ - طحين	آوَ - نا	آوَ - ساعة 60 دقيقة	آوْت - خارج
flour	our	hour	out
يصيح/ صيحة	جنوب	فم	قنفة/ كنفة
shout	south	mouth	couch
اسم	ارض خارج بناية	يحجز في زريبة	وجدَ/ أسسَ
noun	ground	im·pound	found
يحسب	حساب	إقليم	صاخب
count	ac·count	coun·ty	loud
يصوت عال	غيمة	منزل	فأر
a·loud	cloud	house	mouse
جبل	ينبوع	بلوزة	ضربة غير قانونية
moun·tain	foun·tain	blouse	foul

Compare: قارن

flour, flow·er   foul, fowl   our, hour

الدرس 70: أربعة أصوات أخرى ثانوية لحرف O كما في wood

1. Minor sounds of "o" as in wood وُد

▸ The "oo" as in "wood" is another phonic that has no single letter to represent it, and thus it is called a special sound.

◂ صوت oo كما في (بُك book) هو (صوت phonic) من عشرات الأصوات بدون حرف واحد ليمثله بالإنكليزية، لذلك يسمونه صوت مُميز، لكن في العربية لهذا الصوت رمز ليمثله و هو الضمة العربية:

ضمة→oo

وُد - خشب wood	گُد - جيد good	سْتُد - وقف stood	هُد - حارة hood
حارة بها جيران neigh·bor·hood	طفولة child·hood	بُك - كتاب book	كُك - طباخ cook
لُك - ينظر look	تُك - أخذ took	هُك - كلاّب hook	شُك - هزَ shook

Compare: قارن

wood, would [could should]

2. As in "one", the "o" is no longer a vowel; it becomes the consonant "w".

◂ كما في one، لا يُعد o حرف علة عندما يقع في بداية الكلمة أو المقطع، وهو يتحول إلى صوت w.

o→w

وَن - واحد one	وَنْس - مرة once	وَنْس - هؤلاء ones	كْوايَ - جوقة choir
مجمع لماء المطر res·er·voir	ذخيرة rep·er·toire	سيرة ذاتية فنية mem·oir	وْرِيْنْوا Ren·oir

3. The "*o*" is silent in a few words

◂ عندما يكون حرف العلة *o* حرفا صامتا في كلمات قليلة، كما في:

تـَـچ - يلمس t*o*uch	دَگ D*o*ug	دَبِل - ضعف d*o*u·ble	كـَپِل - اثنان c*o*u·ple
مجلة/ سجل يومي j*o*ur·nal	يفض/ ينهي ad·j*o*urn	يوو - أنت y*o*u	شارع عام b*o*ul·e·vard
ناس/ شعب peo·ple	مُذكرة استدعاء sub·p*o*e·na		

4. The "**ou**" that sounds like "**au**"

◀ عندما يكون صوت **ou** مثل صوت **au** كما في (بىت bou*gh*t) وهو مثل صوت الألف المقصورة العربية:

ou→au

بىت - اشترى	بـْورىت - جلبَ	فىت - حاربَ	سىت - بحث عن
bou*gh*t	brou*gh*t	fou*gh*t	sou*gh*t
ظنَّ/ فكرَ			
thou*gh*t			

Compare: قارن

toll, tall — bold, bald — shawl, shoal, shoul·der

scrawl, scroll — row, raw — don, dawn

fowl, foul — noise, nos*e* — shoo, sho*e*, shoot, chut*e*

choos*e*, chos*e* — groov*e*, grov*e* — both, booth

cost, coast — coun·sel·or, coun·cil — mel·o·dy, mal·a·dy

poll, pol*e*, Paul, pool

Homework

Write two or more words for each sound and each spelling that contains:

1. Short ŏ as in hot, cop,
2. Long ō as in boat, foam,
3. Long ō as in hope, note,
4. Long ō as in toe, soul
5. Long ō as in snow,
6. The "oy" and "oi" as in boy, boil,
7. The "ow" and "ou" as in flower, flour,
8. The "oo" as in zoo, wood,

Chapter Nine: الفصل التاسع

Phonics made by the Vowel U

أصوات حرف العلة U

The vowel U has a short sound (tub), a long sound (tube), a weak sound (minus), and minor sounds.

لحرف العلة U صوت قصير كما في (تـءَب tub) وصوت طويل كما في (تووب tube) وصوت ضعيف لأنه يقع في مقطع غير مشدد (غير ملفوظ بقوة) كما في (مـايْنَس minus) واصوات أخرى.

الدرس 71: الصوت الأول لحرف العلة U هو صوته القصير ŭ كما في up 144

الدرس 72: الطريقتان الأولى والثانية لتهجي صوت ū الطويل هما كما في blue, suit 145

الدرس 73: الطريقة الثالثة لتهجي ū هي في u-e كما في (كْيووت cute) 147

الدرس 74: الطريقة الرابعة والخامسة والسادسة لتهجي صوت ū كما في feud, few, group 149

الدرس 75: الطريقة السابعة لتهجي صوت ū الطويل هي كما في hu´·man 152

الدرس 76: الطريقة الثامنة والتاسعة لتهجي صوت ū الطويل هي كما في to, too 153

الدرس 77: الصوت الثالث لحرف العلة U هو صوته الضعيف كما في virus 155

الدرس 78: أصوات ثانوية (غير رئيسة) لحرف العلة U 157

الدرس 71: الصوت الأول لحرف العلة U هو صوته القصير ŭ كما في up

▸ The short ŭ does not sound like the name of the letter U and it is spelled with one consonant after it (**up**) or two (**upp**er).

◂ رمز الصوت القصير لحرف العلة u هو ŭ ويتبع هذا الصوت حرف صحيح واحد (**up**) أو حرفان صحيحان (**upp**er)، ولا يشبه هذا الصوت اسم الحرف U وهو يعادل صوت الهمزة + فتحة العربيتان، كما في (ءَپ **up**) وكما في هذه الكلمات:

u→ŭ

ءَپ - فوق	ءَس - نا	كـءَپ - كوب	كـءَت - جرح/ يقطع
up	us	cup	cut
آلة قاطعة	أعلى	عشاء	لكن
cu*t*·ter	u*p*·per	su*p*·per	but
يسد	كوخ	مكسرات	أوتوبيس
shut	hut	nuts	bus
يفرك	حوض	نسخة الصك	نادي
rub	tub	stub	club
يحك لينظف	حك الشي	بـءَد	طين
scrub	scru*b*bed	Bud	mud
مفاجئ	متعة/ لهو	يركض	شمس
su*d*·den	fun	run	sun
راهبة	بساط	يحضن	حَضَنَ
nun	rug	hug	hugg*ed*
مأخذ	موصل الكهرباء	إيصال الكهرباء	ينتف
plug	plugg*ed*	plu*g*·ging	pluck
نتف	حظ	شاحنة	طبل
pluck*ed*	luck	truck	drum
مجموع المبلغ	عالة	الإبهام	فُتات
sum	bum	thum*b*	crum*b*
المختص بالمجاري المائية	يقفز	قاضي	كثير/ كمية
plum·*b*er	jump	jud*ge*	much

الدرس 72: الطريقتان الأولى والثانية لتهجي صوت ū الطويل هما كما في blue, suit
الصوت الثاني لحرف العلة U هو صوته الطويل ū

▸ The long ū sounds like the name of the letter U. The long ū has two slightly different sounds: **yoo** as in "continue" and **oo** as in "blue". The long ū is spelled in these nine ways we call spelling patterns: blue, suit, cute, feud, few, you, hu´·man, do, zoo

◂ رمز الصوت الطويل لحرف العلة u هو ū وصوته هو صوت اسم الحرف U نفسه. ويكتب هذا الصوت بتسعة طرق كما في blue, suit, cute, feud, few, you, hu´·man, do, zoo. ويلفظ صوت حرف العلة الطويل ū بطريقتين، الأولى هي (يوو **yoo**) كما في (continue)، والثانية هي (وو **oo**) بدون الـ (y) كما في (بْلوو blue).

1. The long ū spelled with ue as in blue

▸ When the two vowels "ue" are next to each other (walking), the first one "u" does the talking by saying its own letter name U and the second one is silent. Saying that the U is long means that it can say the name of the letter U.

الطريقة الأولى لتهجي ū هي في ue كما في (بْلوو blue). فكما في (blue)، حين يتجاور حرفا علة، ينطق الأول اسمه ويكون الثاني صامتا.

ue→ū

بْلوو - ازرق blue	كْلوو - إشارة توضيحية clue	گْلوو - صمغ glue	فْلوو - أنبوبة المدخنة flue
مستحق الدفع due	مخلفات res·i·due	يجادل ar·gue	صحيح true
يلتمس/ يشتكي sue	يسعى pur·sue	فضيلة vir·tue	نصب/ تمثال stat·ue
ثلاثاء Tues·day	موضوع/ مشكلة is·sue	نسيج/ منديل ورقي tis·sue	ينتج/ يتلو en·sue
يستمر con·tin·ue	موقع حدوث ven·ue	ينقذ res·cue	نقذ res·cued

Sue

Sue wore her blue jeans to the bar·be·cue. Sue lis·tened to jazz and blues. Sue could not pur·sue her dreams. This is·sue made Sue cry and she had no tis·sue to wipe up her tears. Sue cleaned the soap re·sidue a·round her bath·tub. Sue need·ed glue but had no clue to where she hid the glue. On Tues·day, Sue saw a film a·bout a true sto·ry.

2. The long ū spelled with u*i* as in fru*i*t

▸ When the two vowels "u*i*" are next to each other (walking), the first one "u" does the talking by saying its own letter name U and the second one is silent. Saying that the U is long means that it can say the name of the letter U.

◂ الطريقة الثانية لتهجي ū هي في ui كما في (فـْ وْرووت fru*i*t). فكما في (fru*i*t)، حين يتجاور حرفا علة، ينطق الأول اسمه ويكون الثاني صامتا.

u*i*→ū

فـْ وْرووت - فاكهة fru*i*t	جووس - عصير ju*i*ce	بـْ وْرووز - كدمة bru*i*se	كـْ وْرووز - تطواف cru*i*se
يكسب re·cru*i*t	بذلة su*i*t	مسعى pur·su*i*t	مناسِب su*i*t·a·ble
حقيبة سفر su*i*t·case	دعوى قانونية law·su*i*t		

He drank some fru*i*t ju*i*ce. He put his su*i*ts in a su*i*t·case and went on a cru*i*se. He tri*p*ped on a con·du·*i*t and his foot was bru*i*sed. He thou*gh*t that it wou*l*d be su*i*t·a·ble to pur·sue a law·su*i*t a·gainst the com·pa·ny to com·pen·sat*e* his in·ju·ry. A law·yer told him that such a pur·su*i*t wou*l*d be fru*i*t·less.

Compare: قارن

pur·su*e*, pur·su*i*t

Chapter Nine

الدرس 73: الطريقة الثالثة لتهجي ū هي في u-e كما في (كُيووت cute)

3. The long ū spelled with u-e as in cute
▶ As in "cute", the two vowels "u-e" can still help each other as if the one "t" between them did not exist. One "t" between two vowels is too weak; it is like having no consonant. The first vowel "u" does the talking by being long and the "e" is silent.

◀ ثالث طريقة لتهجي صوت ū الطويل هي في u-e كما في (كُيووت cute)، والقاعدة هي كون حرف صحيح واحد ضعيف بين حرفي علة ولا يستطيع منع حروف العلة من مساعدة بعضها بعضا.

u-e → ū

كُيووت - محبوب	مْيووت - بدون صوت	شووت - ممر	بْرووت - بهيمي
cute	mute	chute	brute
نبتة الجوتة	العود	مزمار	يشمل
jute	lute	flute	in·clude
فظ	فج	أنبوب	مكعب
rude	crude	tube	cube
قاعدة/ قانون	بغل	دخان	عطر
rule	mule	fume	per·fume
حزيران/ يونيو	لحن	خوخ مجفف	يستعمل/ فائدة
June	tune	prune	use
صمامة كهربائية	يعفي/ عذر	يفكر مليا	دوق
fuse	ex·cuse	muse	Duke
ضخم	هدنة	بْرووس	يقلل
huge	truce	Bruce	re·duce
ينتج/ خضروات	أكيد	تأمين	علاج جذري
pro·duce	sure	in·sur·ance	cure
نقي	ناضج		
pure	ma·ture		

June

June played a nice tune with her flute. June ate a prune. June's broth·ers were Bruce and Luke. June was cute. June's broth·ers were bus·y try·ing to pro·duce their own pro·duce. June in·tro·duced Bruce and Luke to her friends. June de·duced that Bruce and Luke

English Phonics for Arabic Speakers
wou*l*d be ha*p*·py a·bout that.

J*une* ma*de* s*ure* to in·s*ure* her health with a re·li·a·ble in·sur·anc*e* com·pa·ny. J*une* lik*e*d to a*s*·s*ure* her fam·i·ly that she was se·c*ure*d. J*une*'s mind con·tain*e*d l*ure*. J*une* was not con·f*use*d. J*une* was s*ure* a·bout man·y things, but she did not feel that she had an ex·c*use* to over·*use* her o·pin·ion.

⊡Compare: قارن
tub, tub*e*   cut, cut*e*   cu*t*·ter, c*u*ter   su*p*·per, su·per

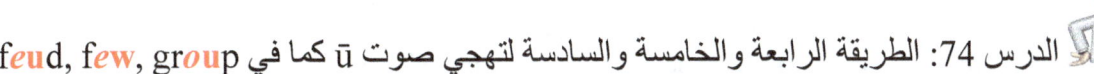

الدرس 74: الطريقة الرابعة والخامسة والسادسة لتهجي صوت ū كما في feud, few, group

4. The long ū sound is spelled with eu as in feud

▸ The long ū is spelled with "eu" as in "feud", "ew" as in "few", and "ou" as in "group". In these three unusual cases when two vowels are walking, the second one does the talking and the first one is silent.

◂ الطريقة الرابعة والخامسة والسادسة لتهجي صوت ū الطويل هي في eu وew وou، والقاعدة هنا معكوسة حيث حين يتجاور حرفا علة ينطق الثاني اسم الحرف ويكون الأول صامتا. وهناك مزيد من التفاصيل عن هذه النقطة في كتاب آخر للمتقدمين باللغة. اليكم الطريقة الرابعة لتهجي ū كما في feud:

eu→ū

يوو وْرَپ - أوربا Eu·rope	يوو وْرَپـِيَن - أوربي Eu·ro·pe·an	يوولجي - تأبين eu·lo·gy
عداء feud	حيادي neu·tral	طبيب أمراض عصبية neu·rol·o·gist
الاثنان deuce	لوكيميا/ سرطان الدم leu·ke·mi·a	ضابط lieu·ten·ant
يوجين Eu·gene	يونس Eu·nice	زيوس/ زووس Zeus
رجل أعمال/ امرأة أعمال en·tre·pre·neur	فخامة gran·deur	سائق chauf·feur
زائف pseu·do	الروماتيزم rheu·ma·tism	جميل beau·ti·ful

Eugene

Eu·gene was Eu·ro·pe·an. Eu·gene's dad was an en·tre·pre·neur, and he sold eu·ca·lyp·tus leaves to Eu·ro·pe·ans. Eu·gene was a neu·rol·o·gist. Eu·gene's mas·seuse didn't show up when Eu·gene had pneu·mo·nia.

Eu·gene wasn't com·fort·a·ble in a cit·y mi·lieu. One day, Eu·gene said a·dieu to his friends in Eu·rope and went on a va·ca·tion a·long the Eu·phra·tes Riv·er's pur·lieu. When Eu·gene got back from his trip, there was a sense of eu·pho·ri·a.

5. The long ū is spelled with *ew* as in f*ew*

▸ The long ū is spelled with "ew" as in "few", and the "w" is a vowel in this case. Think of the name of "w" as "double u" and the fact that it becomes the long vowel "u".

◂ الطريقة الخامسة لتهجي ū هي كما في few

ew→ū

فيوو - قليل few	نوو - جديد new	نْيوو - علِمَ *k*new	نووز - الأخبار news
طارَ flew	نفخ blew	مرقة/ دمعة stew	على ببطء stewed
غلي بطئ stewing	رسمَ drew	نما grew	الطاقم crew
يشد البرغي screw	مفك البراغي screw·drive*r*	يخمر brew	مصنع الخمر brew·er·y
كرة خيوط clew	ندى dew	يعلك chew	رمى threw
امرأة سليطة shrew	داهية shrewd	بذيء lewd	يقطع بفأس hew
مقعد pew	ينز spew	مواء mew	منع التجول cur·few
أبن الأخ أو الأخت neph·ew	يهودي Jew	جوهرة jew·el	مجوهرات jew·els
مجوهرات jew·el·ry	مشهد/ منظر [view	مراجعة re·view	مقابلة in·*t*er·view]

Mathew

Math·ew grew up in a brand-new house. Math·ew ate some beef stew. Math·ew likes to chew his food very well. Math·ew flew a kite and the wind blew his kite a·way. Math·ew drew a few pic·tures of the dew. Math·ew came home ear·ly be·cause he *k*new his new cur·few time. Math·ew found some screws and a screw·driver. Math·ew's dad re·viewed Math·ew's home·work dai·ly. Math·ew's dad was called for an in·*t*er·view at Math·ew's school. Math·ew's dad wrote an over·view of his plan to be re*a*d·y for the in·ter·view.

6. The long ū spelled in *ou* as in gr*ou*p

◂ الطريقة السادسة لتهجي ū هي كما في gr*ou*p

ou→ū

يوو - أنت	يووث - الصبا	ثـْرُوو - خلال	گْرُووپ - جماعة/ يجمع
y*ou*	y*ou*th	thr*ou*gh	gr*ou*p
حساء	فرقة	كوو - انقلاب	مسلك
s*ou*p	tr*ou*pe	c*ou*p	r*ou*te

Compare: قارن

cl*ue*, cl*ew* bl*ue*, bl*ew* d*ue*, d*ew*

thr*ew*, thr*ough* r*ou*te, r*ou*t

الدرس 75: الطريقة السابعة لتهجي صوت ū الطويل هي كما في hu´·man

7. The long ū spelled with u´ as in hu´·man

- As in "hu´·man", a stressed u´ at the end of a syllable sounds like long ū.

◂ سابع طريقة لتهجي صوت ū الطويل هي عندما يقع u في نهاية مقطع مشددة (ملفوظ بقوة)، كما في (هْيوومَن hu´·man)، وكما في هذه الكلمات:

u´→ū

مَنْيوو - قائمة المأكولات men·u′	فْلوو - فلاونزا flu	هْيوومَن - إنسان hu′·man	سوويَر - كبير جدا su·per
معلم خصوصي tu·tor	الرَحم u·ter·us	وحدة u·nit	جامعة u·ni·ver·si·ty
اعتيادي u·su·al	عادة u·su·al·ly	استدارة بشكل U U-turn	ثنائي du·al
وقود fu·el	قاسي cru·el	سلس flu·ent	يتخرج grad·u·ate
يدمر ru·in	سائل flu·id	أجور مدرسية tu·i·tion	مستمر con·tin·u·ous
واجب du·ty	مستقبل fu·ture	مؤسسة in·sti·tu·tion	تغذية nu·tri·tion
كوكب المشتري Ju·pi·ter	الحاسوب com·pu·ter	موقع لممارسة الفن stu·di·o	جوودي Ju·dy
طالب stu·dent	قمري lu·nar	فكاهة hu·mor	روح الفكاهة hu·mor·ous
متحف mu·se·um	موسيقى mu·sic	موسيقار mu·si·cian	حقيقي fac·tu·al
فعلي ac·tu·al	مثقف in·tel·lec·tu·al	بحكم العادة ha·bit·u·al	يضعه بظرف ما sit·u·ate

الدرس 76: الطريقة الثامنة والتاسعة لتهجي صوت ū الطويل كما في to, too

8. The long ū spelled with o as in to

▸ The long ū is spelled with Os in a small number of words.

◂ الطريقة الثامنة والتاسعة لتهجي صوت ū هي في oo كما في boot وفي o كما في do، وكما في هذه الكلمات:

o→ū

دوو - يعمل do	ثوو - إلى to	إنْتوو - بداخل in·to	هوو – من؟ who
اثنان two	الذي whom	الرحم wom*b*	ضريح tom*b*
يحرك/ ينتقل من بيت لبيت mov*e*	يتحسن im·prov*e*		

9. The long ū spelled with oo as in too

oo→ū

زوو - حديقة حيوانات zoo	توو - أيضا too	شوو - يطرد shoo	تابوو - حرام ta·boo
شامْپوو sham·poo	جزمة boots	جذر root	يطلق النار shoot
مكبوح الانفعال cool	أحمق fool	مسبح pool	مدرسة school
صوف wool	غرفة room	مكنسة broom	عريس groom
حركة سريعة zoom	ظهيرة noon	منطاد bal·loon	قريبا جدا soon

ملعقة spoon	جاموس moose	إوزة goose	رخو loose
ديك roost·er	يختار choose	طعام food	مزاج mood
سقف roof	برهان proof	أخدود groove	أملس smooth
سن tooth	كابينة booth		

Snoopy

Snoop·y was a char·ac·ter in a car·toon. Snoop·y went to the zoo and saw a moose, a goose, a rac·coon, a ba·boon, and a roost·er. Snoop·y was choos·y when choos·ing his friends. Snoop·y liked color·ful bal·loons. Snoop·y had a loose tooth.

Af·ter school, Snoop·y swam in a cool swim·ming pool and then went out to shoot pool. Snoop·y took off his boots and spent the rest of his after·noon fix·ing the roof of his class·room. Snoop·y met a groom who used a broom to sweep the room. The groom had a big tat·too, and hav·ing a tat·too was ta·boo to Snoop·y. Snoop·y thought that the groom looked spook·y and sort of goof·y too. Snoop·y was no fool.

الدرس 77: الصوت الثالث لحرف العلة U هو صوته الضعيف كما في virus

▸ The unstressed, weak sound of "u" is called a schwa ə sound.

◂ يكون صوت u ضعيفا عندما يقع في مقطع غير مُشدد (غير ملفوظ بقوة)، مثلا في كلمة mi′·nus ألمقطع mi′ هو المُشدد، ولكن المقطع nus الذي يقع به حرف العلة u هو غير مُشدد:

ماي‌نَس - علامة الناقص mi′·nus	ساي‌نَس - تجويف أنفي si′·nus	بونـءَس - علاوة bo′·nus	ڤـاي‌ْوْرءَس - فيروس vi′·rus
الرحم u′·ter·us	ركز / يركز fo′·cus	سيرك cir′·cus	عبقري gen′·ius
يوم السبت Sat·ur·day′	الأذية in·ju·ry′	ألف عام mil′·len·ni·um	ملعب رياضي sta′·di·um
متحف mu′·se·um	منهاج مدرسي cur′·ric·u·lum		

▸ Each of the final -us, -ous, -ious, and -eous at the end of these adjectives has a single weak sound of the vowel u called a schwa sound:

الأصوات us, ous, ious, eous في هذه الكلمات التي هي صفات، لها صوت واحد وهو صوت حرف العلة u الضعيف:

-us→əs

فيروس vi′·rus	رحم u′·ter·us	جيوب انفية si′·nus	علامة ناقص mi′·nus
علاوة bo′·nus	مخطط منهج دراسي syl′·la·bus	المحفز stim·u′·lus	

-ius→iəs

جينـءَس - عبقري gen′·ius	وْرَيْ‌ديـيـءَس - نصف قُطر ra′·di·us	سَلسِـءَس - مئوي Cel·si·us

-ous→əs

ماوْرڤِلـءَس - مدهش mar·vel·ous	جِلـءَس - غيور jeal·ous	فابلـءَس - ممتاز / خيالي fab·u·lous	وْرِدِكيوولـءَس - سخيف ri·dic·u·lous
مستمر con·tin·u·ous	غامض am·big·u·ous	قلق nerv·ous	فاتن glam·or·ous

English Phonics for Arabic Speakers

فكاهي	صار	كريم	متعدد
hu·mor·ous	rig·or·ous	gen·er·ous	num·er·ous

مزدهر	خطر	مزدهر	
pros·per·ous	dan·ger·ous	pre·pos·ter·ous	

-ious→iəs

كْيوو وْرِيـەَس - فضولي	سيِيـ وْرِيـەَس - جدي	متعدد الخصائص	بديهي
cu·ri·ous	se·ri·ous	var·i·ous	ob·vi·ous

مُعدي
con·ta·gious

-eous→eəs

كِ وْرْتِـەَس - دمث ومؤدب	بهي	شجاع	متزامن يحدث في آن
cour·te·ous	gor·geous	cou·ra·geous	si·mul·ta·ne·ous

متفرقات
mis·cel·la·ne·ous

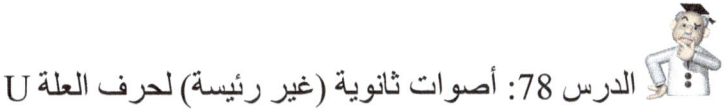

الدرس 78: أصوات ثانوية (غير رئيسة) لحرف العلة U

Special sounds of "u" as in culture, liquid, guest, business

‣ The vowel "u" with other letters makes these special sounds, as in culture

◂ صوت ture في آخر بعض الكلمات هو كصوت chure، كما في هذه الكلمات:

ture→ چَوْر

فِـوْرْنِـچَـوْر - أثاث fur·ni·ture	سِـگْنِـچَـوْر - توقيع sig·na·ture	كـءَلْـچَـوْر - تراث cul·ture
زراعي ag·ri·cul·ture	نسر vul·ture	مستقبل fu·ture
الطبيعة na·ture	درجة الحرارة tem·per·a·ture	مصغر عن الأصلي min·i·a·ture
يقبض cap·ture	ينفجر/ فتق rup·ture	كسر frac·ture
محاضرة lec·ture	بنية struc·ture	علاج الوخز بالإبر ac·u·punc·ture
اقلاع de·par·ture	أدب lit·er·a·ture	إيماءة/ سحنة ges·ture
رطوبة mois·ture	ميزة/ يقدم fea·ture	مشروع ven·ture
مغامرة ad·ven·ture	الهاوي [amateur]	

‣ The "u" is not considered a vowel here because it sounds like the consonant w.

◂ لا يعتبر صوت u صوت حرف علة في هذه الكلمات لأن صوته هو صوت الحرف الصحيح w كما في:

u→w

كْوِك - سريع quick	لِكْوِد - سائل liq·uid	وْركْوِيسْت - طلب re·quest
مأدبة ban·quet	ملكة queen	متساو e·qual
جناح ببناية suite	مهذب/ رقيق suave	قماش جلد مزأبر suede

يقنع per·suade	أسلوب الطبخ cui·sine	لغة lan·guage
ثنائي اللغة bi·lin·gual	ثلاثي اللغة tri·lin·gual	مميز dis·tin·guish
مطفأة الحريق ex·tin·guish·er	يطلِع/ يعرف ac·quaint	معارف ac·quain·tan·ces

▸ The silent "*u*" in some of these words is to keep the "g" hard.

◂ لصوت *u* الصامت في هذه الكلمات فائدة وهي لمنح صوت الحرف الصحيح g صوتا صلبا:

u→*u*

گسْت - ضيف guest	گس - يخمن guess	گِتاوْر - كيتار gui·tar	گِلْد - نقابة guild
ذنب guilt	مُقَنَّع dis·guise	دليل guide	رياء guile
فتى/ رجل guy	حارس guard	ضمان guar·an·tee	عصبة league
بيان مصور cat·a·logue	غوريلا gue·ril·la	فريد u·nique	تقنيات/ طريقة tech·nique
طراز عتيق an·tique			

▸ The o, ou, and ui sound like short ŭ in these few words.

◂ إن صوت o وصوت ou وصوت ui في هذه الكلمات له صوت حرف العلة ŭ القصير:

o→ŭ

ءَذْ وُر/ آخر oth·er	ءَفِن – جهاز للطهي ov·en	سـءَم - بعض some	كـءَم - تعال come
ابن son	لا شيء none	معمول done	يوم الاثنين Mon·day

oo→ŭ

فيضان flood	دَم blood

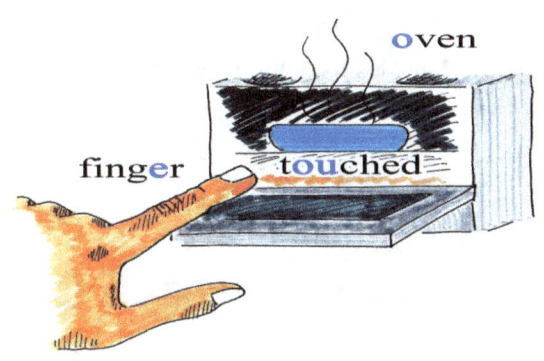

ou→ŭ

تـءَچ - يمسك touch	على اتصال in touch	دءَبل - ضُعف dou·ble	تْ رءَبل - مشكلة trou·ble
اثنان نفس النوع cou·ple	دءَگ Doug	ابن أو بنت العم أو الخال cous·in	شارع عام boul·e·vard
خشن rough	كاف e·nough	صلب العود tough	دولة/ الريف coun·try
يشك/ شك doubt			

ui→ŭ

يبني build	بنى built	ذنب guilt	نقابة guild

▸ The "u" sounds like short ĭ in two words.

◂ في الكلمتين الآتيتين لحرف u صوت ĭ:

u→ĭ

مهنة حرة busi·ness	مشغول bus·y

Remember: There is the word "bus" inside the words "business" and "busy".

English Phonics for Arabic Speakers

Homework

✎ Write two or more words for each sound and each spelling that contains:

1. Short ŭ as in cut, up,
2. Long ū as in blue, sue,
3. Long ū as in juicer,
4. Long ū as in cute, June,
5. Long ū as in few, new,
6. Long ū as in feud, Europe,

Chapter Ten: الفصل العاشر

الدرس 79: التعرف على مزيد من الأصوات (فيِنِكس phonics) 161
الدرس 80: تعلم كتابة الحروف الإنكليزية بالخط بالمزج (cursive) 165

الدرس 79: التعرف على مزيد من الأصوات (فيِنِكس phonics)

▸ Sometimes the letters c, s, and t can blend with the following vowel and cause that vowel to lose its vowel sound. For instance, the "ti" blends in "**tion**" as in "ac**tion**" and becomes a single sound.

◂ أحيانا تمتزج الحروف **c, s, t** مع حروف العلة لتنتج أصواتا إنكليزية مثل ش، ژ، چ، ج:

-tion→شِن

آكْشِن - فعل/ حركة ac·**tion**	ىكْشِن - مزاد علني auc·**tion**	أجْيُكَيْشِن - ثقافة تربوية ed·u·ca·**tion**
أمة na·**tion**	تفسير ex·pla·na·**tion**	إجازة عن العمل va·ca·**tion**

-sion→شِن

تعبير ex·pres·**sion**	مُهمة ما mis·**sion**	قبول/ إذن بالدخول ad·mis·**sion**

-cian→شِن

موسيقي mu·si·**cian**	طبيب phy·si·**cian**	السياسي المحترف pol·it·i·**cian**

-cion→شِن

سـءَسْـپِـشِن - شبهة وشك
sus·pi·**cion**

-cean→شِن

محيط مائي
o·**cean**

161

su, se, si→ش

شُـگَر - سكر	شوو وُر - أكيد	يؤمِن/ يضمن
sugar	sure	in·sure
يتلو كنتيجة	موضوع/ عدد من مجلة	نسيج
en·sue	is·sue	tis·sue
شان	مثير للجدل وفية خلافات	
Sean	con·tro·ver·sial	

ci→ش

سوشِل - اجتماعي	تدليك وجهي	خاص/ استثنائي
so·cial	fa·cial	spe·cial
ىتِفِشَل - اصطناعي	حاسم	لذيذ
ar·ti·fi·cial	cru·cial	de·li·cious
مشبوه	ثمين	فِلِشا
sus·pi·cious	pre·cious	Fe·li·cia

ti→ش

آمْبِشِز - طموح	مؤمن بالخرافات	مُفترض
am·bi·tious	su·per·sti·tious	fic·ti·tious
مريض/ صبور	نسبة	أساسي
pa·tient	ra·tio	sub·stan·tial
موضع ثقة/ سري	سكني	أولي/ حرف أول من اسم
con·fi·den·tial	res·i·den·tial	in·i·tial

▸ In these words, the "x" sounds like "kc", and the "c" is coming out of the "x" into the following syllable. The ending "ous" is preceded by an "x" and it has a weak schwa sound.

◂ يخرج صوت الـ c من الـ x إلى المقطع التالي ليصبح صوت المقطع الأخير (شِز) كما في:

x→kc

آنْكْشِز – مصحوب بالقلق	بغيض/ كريه
anx·ious	ob·nox·ious

-sure→شَ وْر

پْ وْرَشِ وْر - ضغط	يلوم رسميا
pres·sure	cen·sure

-sure→ژَ وْر

پْلَژْ وْر سعادة	ثروة	يقيس
plea·sure	trea·sure	mea·sure

su→ژ

يووژوَل - اعتيادي	عادة
u·su·al	u·su·al·ly

-sion→ژِن

ڤِژِن - بصر	غزوة	اقتحام
vi·sion	in·va·sion	in·tru·sion
قرار		
de·ci·sion		

si→ژ

کیکَيژْن - قوقازي	آمْنيژا - فقدان الذاكرة
Cau·ca·sian	am·ne·sia

du→ج

پْ وْروسييجَ وْر - إجراء	فضالات
pro·ce·dure	re·sid·u·als

du, di→ج

أجْيوكَيْت - يثقِف	سْكِجْوَل - جدول	مىجل - وحدة قياس
ed·u·cate	sched·ule	mod·ule
صولْجَ - جندي		
sol·dier		

-ture→ چَ وْر

فئيووچَـ وْر - مستقبل fu·**ture**	توقيع sig·na·**ture**	تراث cul·**ture**
زراعة ag·ri·cul·**ture**	أثاث fur·ni·**ture**	درجة الحرارة tem·per·a·**ture**
مُحاضرة lec·**ture**	الهاوي [am·a·**teur**]	

-ism→ إزِم

سوشِلِزم - الاشتراكية social**ism**	الواقعية real**ism**	الرأسمالية capital**ism**	تعميد/ المعمودية bapt**ism**

-ify→ إفاي

جـءَسْتَفاي - يبرر just**ify**	يؤهل/ مؤهل qual**ify**	يُبَلِغ not**ify**

-city→ سِدي

سِدي - مدينة **city**	خلفية السلالة ethni**city**	مقدار السرعة velo**city**

-sity→ سِدي

يوونـِڤـوْرسِدي - جامعة univer**sity**	بدانة/ سمنة obe**sity**	حقد وعداء animo**sity**

-tive→ تِڤ

آكْتِـڤ - فعال/ نشيط ac**tive**	أقارب rela**tive**	بَنّاء construc**tive**
أيجابي/ أكيد posi**tive**	جذاب attrac**tive**	استنتاجي/ استدلالي deduc**tive**

-ology→ ىلىجي

باياليجي - علم الأحياء bi**ology**	سايْكىلىجي - علم النفس *p*sych**ology**	نووريلىجي - علم الأعصاب neur**ology**

الدرس 80: تعلم كتابة الحروف الإنكليزية بالخط المزج (cursive)

Practice writing the ABCs in cursive, in uppercase, and in lowercase. Pay attention to the letters that go below the line.

اكتب الحروف الإنكليزية وهي في الحالة الصغيرة والحالة الكبيرة في حالة المزج، لاحظ الحروف التي تنزل تحت الخط، وهي f الصغير، g الصغير والكبير G، j الصغير والكبير J، p الصغير، q الصغير، y الصغير والكبير Y، z الصغير والكبير Z:

a a a a

A A A A

b b b b

B B B B

c c c c

C C C C

d d d d

English Phonics for Arabic Speakers

𝒟   𝒟   𝒟   𝒟

e   e   e   e

ℰ   ℰ   ℰ   ℰ

f   f   f   f

ℱ   ℱ   ℱ   ℱ

g   g   g   g

𝒢   𝒢   𝒢   𝒢

h   h   h   h

ℋ   ℋ   ℋ   ℋ

i   i   i   i

I I I I

j j j j

J J J J

k k k k

K K K K

l l l l

L L L L

m m m m

M M M M

English Phonics for Arabic Speakers

n   *n*   *n*   *n*

N   *N*   *N*   *N*

o   *o*   *o*   *o*

O   *O*   *O*   *O*

p   *p*   *p*   *p*

P   *P*   *P*   *P*

q   *q*   *q*   *q*

Q   *Q*   *Q*   *Q*

r   *r*   *r*   *r*

R   *R*   *R*   *R*

Chapter Ten

| s | s | s | s |

| S | S | S | S |

| t | t | t | t |

| T | T | T | T |

| u | u | u | u |

| U | U | U | U |

| v | v | v | v |

| V | V | V | V |

| w | w | w | w |

English Phonics for Arabic Speakers

𝓌 　　　 𝓌 　　　 𝓌 　　　 𝓌

𝓍 　　　 𝓍 　　　 𝓍 　　　 𝓍

𝒳 　　　 𝒳 　　　 𝒳 　　　 𝒳

𝓎 　　　 𝓎 　　　 𝓎 　　　 𝓎

𝒴 　　　 𝒴 　　　 𝒴 　　　 𝒴

𝓏 　　　 𝓏 　　　 𝓏 　　　 𝓏

𝒵 　　　 𝒵 　　　 𝒵 　　　 𝒵

www.ingramcontent.com/pod-product-compliance
Lightning Source LLC
Chambersburg PA
CBHW080848020526
44118CB00037B/2316
* 9 7 8 0 9 9 0 4 1 1 6 3 5 *